U0897305

苏州新景观

徐德嘉　许　可　孙晓玲　编著

中国建筑工业出版社

图书在版编目(CIP)数据

苏州新景观/徐德嘉等编著．—北京：中国建筑工业出版社，2010.12
ISBN 978-7-112-12214-1

Ⅰ．①苏… Ⅱ．①徐… Ⅲ．①风景区—简介—苏州市 Ⅳ．①K928.705.33

中国版本图书馆CIP数据核字（2010）第120159号

本书纪录、分析了以金鸡湖周边为重点的城市新景观。众所周知，苏州园林景观是闻名遐迩的，新景观能否具有类似的神韵，需要我们这代人记录、总结，下一代人改进提高，才长盛不衰地永续流传下去。在撰写的过程中，深切体会到美与审美、内涵与表象、意境与视觉形象之间，始终是因人、因时而异地变化着的。但正基于此，文明才得以进步，历史由此而前进。

凡有志于景观、建筑设计和施工的人员，大专院校相关专业的师生，以及对文化、艺术等有兴趣的人士，都可阅读本书。

责任编辑：吴宇江
责任设计：李志立
责任校对：关　健　陈晶晶

苏州新景观

徐德嘉　许　可　孙晓玲　编著

*

中国建筑工业出版社出版、发行（北京西郊百万庄）
各地新华书店、建筑书店经销
北京方舟正佳图文设计有限公司制版
北京盛通印刷股份有限公司印刷

*

开本：787×1092 毫米　1/16　印张：12¼　字数：300千字
2011年7月第一版　2011年7月第一次印刷
定价：108.00元
ISBN 978-7-112-12214-1
(19479)

版权所有　翻印必究
如有印装质量问题，可寄本社退换
(邮政编码 100037)

序

关于一个特定城市的某一领域出版一册专业书刊是一件不容易的事情，这需要大量的资料。徐德嘉先生的这本著作记录了苏州这个城市近年来众多新的景观，给这座历史文化名城增添了新的光彩。我作为一名长期生活在苏州的专业人士深感庆幸。

由于一直受到苏州这座园林城市的熏陶，本人对景观有偏爱，甚至认为景观给人的感受和对人的影响比建筑更为重要。苏州古典园林艺术和苏州传统民居中的天井空间已成为我工作中非常重要并且经常考虑的那一部分。由于近年来又有一段苏州工业园区的工作情结，使我对开放性景观有了新的感受。

徐德嘉先生的这本著作不但真实地记录描绘了苏州新景观的案例，而且分析了苏州城市景观的演变，对景观、意境、审美诸多问题都有精到的研究和分析。因此，这是一本有血有肉的著作。

苏州是一个非常特殊而又非常典型的城市，在这座城市中，古典和现代的融合和对比表现得如此充分，引起国内外各个方面的高度兴趣和关注。我本人认为传统和创新应该是苏州永恒的主题，这两个方面都非常值得我们去进行艰苦而又长期的研究和实践。特别是作为一个我国改革开放的前沿城市，在城市景观方面的探索更可以为其他城市所借鉴。《苏州新景观》已迈出了可喜的一步。企盼还会有更多的专题文章和著作诞生，使我国在景观方面的学术研究及设计和实践有一个新的提升。

苏州科技学院

时匡

2009年6月

前 言

景观与园林，这是两个内容类同，却颇有争议的名词。本书为何采用景观而不用园林为名？这尚需为展开，才能说明其原委。

早在20世纪20年代，大学农学院园艺和工学院建筑系开设“造园”课程后，就开始了对庭院、公园、私人家园，甚至陵园等的系统研究。考“造园”一词，最早是由留学日本后归国的教授所采用，是根据字意和内涵，结合古语而来的。而日本的造园一词则是从明代郑元勋为当时的造园艺术大师计成的《园冶》题词中 “古人百艺，皆传之于书，独无造园者何”而来，近代大学中开设造园课程，既是借鉴日本，实系承袭我国古语。

美国在1901年于哈佛大学设立Landscape Architecture专业，这个名词1858年奥姆斯特德（Frederick Law Olmsted）和沃克斯（C. Vaux）竞标纽约中央公园设计方案时首次采用，后广为流传，逐渐成为专业名词。现在，这一名词已被公认为有关规划、设计风景景区、城市公园、公共绿地等造景、造园的专用名词，并且在国际上得到公认、通用。

但中文怎样翻译，怎样更能符合翻译信、达、雅的三条原则？这又不得不追溯到20世纪50年代初清华大学、北京农业大学合办的，兼具园艺学科植物培养知识及营造学科具有美术功底能做规划设计的造园学科，继而调整到北京林学院（今北京林业大学），这学科的名称受当时的环境影响几经变动，最后定名为“园林”。随后，各地纷纷成立旨在管理公园、绿地等的机构，依城市规模将这些机构分别定名为园林处、园林局等。接着刘敦桢教授出版了《苏州古典园林》一书，于是这“园林”二字便不胫而走，成为专用名词。在苏州，因有拙政园等古典园林，所以更是家喻户晓、童叟皆知了。而且《中国大百科全书：建筑·园林·城市规划》卷公认园林可与Landscape Architecture的内涵相当，正因为大百科全书已经确认，“园林”一词便等于法定而举国公认了，“园林”一词于是正式作为行业专有名词被广泛采用。

本书着重讨论较具视觉审美价值、生态价值，与人们生活、工作有关的空间环境，并尽可能叙述有关规划、设计、施工等相关问题，是和当地那些传统的宅园有较大区别的环境。换句话说是有别于拙政园、留园等的古典园林。故考虑再三乃以“苏州新景观”为名。

但是，当本书定稿前见到《杭州新景观》一书问世。该书着重叙述西湖西进、开发湿地、创设新景点等的新成就。这些无疑是开拓性的、前人未做过的事情，是当代创建的新风景新景观。本书如若同样叙述开发区成就，虽然也是新的、前人未做过的，但恐仅是杭州、苏州地理位置的差异，会有重落窠臼之嫌！因此，必须在美与审美、现代设计理念的研究、传统景观的演变等方面有所前进，庶几方可免于雷同。关于设计理念至今似乎很难整理出一套较完整、较成熟的话语予以概括。但是，本书所提话语是否符合当前思路，符合客观需要，尚待实践中检验，有待读者诸君指正。另外，关于审美意识也同样希望读者提出宝贵意见，以利修正。

书稿甫就，即蒙时匡教授在百忙中为本书宠赐序文，如此盛情，使我荷感不已；苏州合展设计有限公司在多方面给予支持，同时，苏州金日摄影广告有限公司姚力先生提供了应有的照片，使工作得以顺利开展，特表衷心感谢！

最后必须指出的是中国建筑工业出版社的吴宇江先生，两年前即从精神上给予极大的鼓励和支持，使本书终于脱稿。我与吴宇江先生神交多年却从未谋面，吴先生能对园林界一老卒如此器重、垂青、支持，铭感之余，附志数语以示谢忱！

目 录

上篇 综述篇

夜景——金鸡湖大桥之灯光

国际大酒店中传统建筑与湖景（园区早期建筑离不开传统神韵）

现代景观中的曲桥——新与旧的融合，展示金鸡湖大酒店内的景观

瀑布潺潺如同山泉淙淙，显示金鸡湖大酒店前之先导瀑布

上篇

景和景观，粗浅和直觉的理解是极普通和易理解的概念。景是景色、景致，是赏心悦目、可以描述的，如优美的景致、秀丽的景色；景观则是通过感觉而形成的反映，这种反映也可以通过文字描述、绘画写生、摄影录像等各种手段加以记录。由此可以让更多的人分享这种感受。

景观是现代城市的组成部分，景观是城市的一个重要元素。

城市景观作为一种物象，随着时空的变化，呈现着发展应变的态势。当一个国家政治动荡、社会混乱、经济萧条、生活贫困、文化落后时，怎能顾得上城市景观？又如自然条件十分严峻，人民得不到安居时，建城都有困难，自然也难以顾及景观。因此，要使景观成为城市的重要元素，成为现代城市的组成部分，就必须是政治稳定、社会安宁、经济繁荣、科技进步、文化发达，再加上自然条较好，如若这几者兼备，必然能使城市景观成为城市的骄傲！

当前，苏州市在前述这几点上可称得上是兼备不缺，发展新的城市景观，可称得上是顺理成章！

第1章　苏州市的城市概况

1.1 苏州的地理位置及自然环境

苏州位于长江三角洲和江苏省的东南部，西南濒临太湖，北枕长江，南邻浙江嘉兴，东接上海，西连无锡。沪宁铁路、即将新建的京沪高速铁路、沪宁城际铁路的兴建，沪宁及多条省际高速公路的建成通车，加上原有的京杭大运河的可供货运，可谓湖河交织、江海通连，交通十分发达。

苏州行政区辖苏州、常熟、太仓、昆山、吴江、张家港等市（县），占地总面积8488.4km^2，其中平原4660km^2，水面3607km^2，丘陵221km^2。苏州全市辖昆山、常熟、太仓、吴江、张家港五个县级市及市区所属苏州工业园区、高新技术产业开发区、平江、沧浪、金阊五个区，市区面积119.12km^2，其中古城区面积14.2km^2。最近公布五个区已扩大到214.5km^2。2002～2020年城镇体系规划，已将昆山、吴江、常熟的部分城镇纳入总规之中，形成了总面积达2597km^{2}的苏州都市区。

地理位置是：30º46´～32º02´N，120º11´～121º16´E。

1.1.1 地质构造

苏州市的地层属江南地层分区，自寒武系至第四系均有分布。全市位于湖（州）苏（州）中断束构造带上。印支运动使该区褶皱成陆。继而燕山运动，生成了一系列北东向褶皱和断裂，并伴生了北西向张性、张扭性断裂，这些褶皱、断裂及岩浆活动把区内连续的地层破坏得支离破碎，在一定程度上制约了地形、地貌的形状和矿产的生成，也减轻了地震的活动。其中，第四系的河、湖、海交替活动，对地层层积物的形成、厚度，也即是日后发育成土的影响巨大。可约略分成平原、古泻湖平原、低山丘陵三大类型。

1.1.2 地势地形

市内地势是西高东低，西部为分布于太湖周围的低山丘陵，其中穹隆山最高341.7m（黄海高程），东部平原一般高程仅2.5m左右，吴江及昆山一带及湖荡周边仅2～2.5m。全市地形平坦，湖荡纵横，阳澄湖、独墅湖等都将成为城市湖泊。

1.1.3 土壤

在农耕社会，土壤是生产力，是重要的基础设施。苏州农民在长期劳作中，将湖荡低地改造成土壤学中另列一类的水稻土，这是全国著名的高产土壤。此外湖荡湖河周边有部分沼泽土，丘陵山区有黄棕壤。其中以水稻土最为普遍，其特性是土粒细、质地黏重、保水保肥力强、通透性差、中性，稍加改良，发展绿化植树是适宜的。

1.1.4 气候

苏州属北亚热带季风气候区，春夏季盛行东南风，秋冬季受北方冷高压影响，偏北风较多。年平均气温15.7℃，最热的7月平均28.2℃，极端高温38.8～39.3℃（1978年7月7日，1992年8月11日，2007年7月29日、8月1日、8月2日）；最冷的1月平均气温3.0℃，极端低温－9.8℃(1958年1月16日，1977年1月31日)。全年平均降水1063mm，日降水不小于50mm的暴雨约1年2次，日降水量不小于100mm的大暴雨约8～9年一遇。初霜期11月15日，终霜期3月25日，平均无霜期233天。平均年日照1965h。降雪量较少，1984年积雪达26cm(累计降水62.3mm)，为近50年仅见。2008年1月25日～28日连续4天降雪，积雪17～32cm（累计降水40.7～49.6mm），为近年降雪之新高。

夏秋季的热带风暴(台风)有时会带来较大影响，若伴有大雨则危害更大，如6214号台风(1962年9月5～7日)袭击全市，并伴有特大暴雨(1962年9月6日降水343mm)，造成严重危害，许多树木被风刮倒或被风吹折，道路积水严重。

1.1.5 水域

苏州市内最大的湖泊是太湖，面积2460km^2，是全国四大淡水湖之一，市区其次的依次是阳澄湖113km^2、独墅湖11.5km^2、金鸡湖7.2km^2、石湖2.8km^2（现因围湖造田、筑路等侵占，均有不同程度的减少）。市区周围尚留有众多的河港，共约290km，古城区内尚有小河30余公里（原有80余公里）。河以小桥沟通，故唐代诗人杜荀鹤有诗："君到姑苏见，人家尽枕河。古宫闲地少，水巷小桥多。"白居易也有诗道："绿浪东西南北水，红栏三百九十桥。"而河路并举的双棋盘格局，更是成为古苏州的一景。具有通航价值的河道是京杭大运河江南段，现在主要供货运。如果这一城市格局不经20世纪80年代的大规模的城市改造，那么从最近有人提出的城市风景的概念判断，[①]不失为极具意趣的城市风景区。

环绕苏州古城区周围的环古城河，以前被称作护城河，是中国最古老的运河之一，具有战时保卫作用，今天，它已失去了当时的功能，成为苏州一个独特的旅游景观，即环古城风貌保护风光带。

我们所以要提及地理位置、地质、地势地形、气候、湖泊等自然条件，是因这与建城的适宜性、居民的生活质量等均具密切的关系。诸如地质构造与地震灾害，气候条件与旱涝灾害，土壤与农业及绿化等均直接相关。苏州通过2500余年的建城史及良好的地理环境，证实这里是一座适宜人民生活，少灾少害，气候宜人，物产丰富，有利于各种经济活动的古老而又新兴的城市。

1.2 城建简史

建城历史可追溯到春秋后期，吴王阖闾元年(公元前514年)所创建，故称阖闾大城。据《吴越春秋》记述： 阖闾大城"周四十七里有余"，该城的位置、规模至今未见重大变动，也无迁移等的记述。隋开皇九年(589年)取城西姑苏山之名，改阖闾大城

①贾建中，邓武功。城市风景区研究（一）——发展历程与特点[J].中国园林，2007(12).

为苏州，文学描述时称苏州为姑苏，即缘于此。

随着政权更迭，其城市范围、管辖职责、统治权力多有变动。元至正二十七年(1367年)，朱元璋在金陵建都，国号吴，管辖吴县、常州两县与吴江、常熟、昆山、嘉定四州。洪武元年(1368年)，苏州被称为府，降吴江等四州为县。继而崇明县也划归苏州府管辖。雍正二年(1724年)，撤销苏州市并入吴县。中华人民共和国成立前夕(1949年5月)，划苏州、吴县、吴江、常熟、太仓、昆山、沙州六市县为苏州行政区，同年年底成立苏州专员公署，管辖吴县等五县。市区由苏州市管辖，即今所谓中心城区。1983年该五个县则改为县级市，归苏州市领导，也即是前面提到的总面积8488.4km^{2}的范围，总称为苏州市，属江苏省领导。

阖闾大城的建城材料过去都无确切的记载，1994年编修《苏州市志》时记载了五代十国后梁龙德二年(922年)，吴越王钱镠重修苏州城时，改用砖砌，高二丈四尺，厚二丈五尺。内外均凿深壕(即今之内外护城河)，内城河较狭，今已不能环通。至此奠定了苏州城的规模、风貌，城墙的兴建使城址更为稳定。该城墙于20世纪50年代末在“不破不立”的思想指导下，全城军民肩挑人抬奋力将其拆除，部分城砖移作修建小高炉外，大多散失！

20世纪80年代改革开放以来，苏州市利用地理、经济、科技、文化等优势，积极开发工业。城东与新加坡合作开发“中新合作苏州工业园区”，城西建成“高新技术产业开发区”(以下简称工业园区、高新区)，近20年来已取得很大业绩。从此，加速了城市化的进程，同时也促进了城市景观的发展，进而带动了经济的持续发展，形成了互动的、良好的发展态势。

由于城市化进程的推进，人口也随之增长，自20世纪50年代新中国成立以来，人口一直保持着增长的局面，而近年来则增速更快，据《2007年苏州市国民经济和社会发展统计公报》报道：全市户籍总人口为624.4311万人（包括六县市），如若将无户籍的外来务工、经商等人员一并统计在内，当达1400余万人。

1.3 经济发展简史

苏州素有鱼米之乡、物产丰富的美誉，白居易有诗赞苏州的经济繁荣，诗道："人稠过扬府，坊闹半长安。"到了宋代，在开封一带流传着"苏杭百度繁荣，地上天宫"的谚语，后被逐步改为："上有天堂，下有苏杭。"从明代到清代苏州农业生产不断创新发展，产量日益上升。陆游称："苏常熟，天下足。"这对农业社会、农耕经济来说是具有决定性意义的。据《明会典》载：洪武二十六年(1393年)，苏州府田计98506顷71亩，占全国府田的1%，实征税粮米麦合计2810490石(1石=75kg)，约占全国的9.5%。可见贡献之大。同时农副业如蚕桑等，手工业如丝绸、缂丝等也不断兴起，都对经济发展具有很大贡献。无怪北宋水利专家郏亶称："天下之力，莫大于水田，水田之美，无大于苏州。"范仲淹在《政府奏议》中称：东南每岁上供600万石米，苏州"一州之田，中稔之岁，出米700余万石"，"一岁成稔，则数郡忘饥"。由此可知当时苏州依仗稻田丰产，对繁荣社会、富裕国家起着十分重要的作用。[②]到清乾隆四十年（1775年），苏州府产米2000万石，成为国民赖以为生的粮仓。

自鸦片战争(1840～1842年)后，中国逐渐沦为半殖民地、半封建社会。1842年中英《南京条约》后，上海开埠与海外通商，苏州逐渐失去了东南经济重镇之地位，特别是1895年中日《马关条约》及1897年签订了《苏州日本租借章程》后，盘门青旸地被辟为日租界（当时尚无南门，故统称为盘门），继而西方列强又相继开辟公共租界，各国"洋货"纷纷倾销，使苏州的手工业、丝绸、棉纺等支柱产业受到严重干扰，特别是丝绸业打击最重。其间，虽有一些有识之士创办纱厂、机器缫丝厂等，但大势所趋，本地实业仍难展宏图。1937年抗日战争开始，苏州旋即被日本占领，成为沦陷区，经济受日本控制，物价飞涨、民不聊生。直到1949年新中国成立，才开始有所复苏。但受"大跃进"、"文化大革命"等一系列政治运动的冲击，经济上是进进停停、

②苏州市地方志编纂委员会编.苏州市志[M]：总述1,2.

徘徊不前，虽然创办了许多中小工厂，但未从根本上发展。直到20世纪80年代，实行改革开放政策后，高新区、工业园区相继成立，世界500强中的许多企业纷纷在苏开设分支工业，发展IT产业等，使苏州经济步入新的发展时期。《苏州市国民经济和社会发展第十一个五年规划纲要》在总结2005年全市经济时称："2005年，全市完成地区生产总值4026.5亿元，按可比价计算年均增长15.5%（2007年已达5700余亿元）。财政总收入716.7亿元，年均增长35%，占地区生产总值的比率达17.8%。主要经济指标名列全国大中城市前茅，五个县市全部进入全国综合实力百强县（市）的前列。"[③]这是很了不起的业绩，说明只要同心协力，任何奇迹都可被我们创造。

经济的发展，城市综合实力的增强，促使城市化进程加快，也为城市景观建设奠定了坚实的基础！

1.4 文化概貌及其背景

文化是什么？顾名思义是用柔和的、文的方法感化人、熏陶人、教育人。汉代刘向在《说苑·指武》一文中写道："凡武之兴，为不服也，文化不改，然后加诛。" 这话的意思是：用文的柔和的方法教育规劝人，但如仍不见效、不改过，就只能动用武力，因其不听从教育。这是文明社会的必需，是充满着辩证思想的方法。文的、柔和的教育方法很多，学校教育当然是主流，戏曲、歌舞、各类文体活动都寓有熏陶作用和教育意义（有时也有其反面的、有害的方面），良好的环境、有条不紊的工作、生活方式也都能熏陶、感化人。我们所以要重视环境建设，就是为了区别于原始的、落后的、陈旧的周边环境，因为良好的生活环境也能培养和促使人们爱整洁不杂乱的习惯！环境也是一种"文"的感化手段！

文化是人类社会在历史进程中创造的物质财富、精神财富的总和；是人类生产方式、生活方式特别是精神生活，在文明发展

③苏州日报[N]，2006—5—31(B02)．

的过程中留下的记录，这种记录展示着人类文明的发展水平，成为文明的标志和特征。在一定的社会意识下，反映了与之相适应的社会面貌。文化又是一种历史观念，是在一定的历史时期内，关于社会政治、经济及精神面貌的反映。另外，随着民族的形成、发展，每个民族通过各自的生产、生活方式和精神生活，形成了本民族的文化，即民族文化。例如云南大理、丽江一带的白族，至今仍保留了他们特有的民族文化和民族文字（虽然文字已失去流通意义）。

这里所讲的文化背景是指整体地、社会地、宏观地讨论当地的文化风尚、文化面貌、社会水平以及发展动态、趋势等。

苏州是历史悠久、文人辈出的城市，明、清时期人文荟萃，目前则是科技精英会聚。据《吴郡志》记载：苏州古代人民以尚武为俗，故有项羽在吴招募三千子弟兵，还有干将、莫邪铸剑等传说。到了唐宋时期，由于官府和士绅倡导文化，逐渐由尚武向尚文转变。唐肃宗(756～761年)时，李栖筠设学庐课士；宋景祐二年(1035年)，范仲淹首创府学于城南，聘名家胡瑗主持，继而州学、县学陆续兴建；南宋时出现书院，元代乡社均设有社学和私塾，到清代可称是盛极一时。这些都为文化发展奠定了基础。据统计自隋唐开科取士以来，到清末废除科举为止的1300余年中，苏州辖区(按目前的五县市计)共出文状元45名，占全国的7.6%。众多彪名史册的名家诗人如范成大、陆龟蒙等均根植于此。从清末到民国新学兴起，小学、中学、大学的体制逐步确立，外国教会也在苏州建立学校，现苏州大学的前身东吴大学即由美国教会建立。这些学校的兴起，为苏州的文化事业增添了后劲！

关于与园林艺术有关的绘画艺术方面，继六朝、盛唐时期的张僧繇、顾野王、杨惠之等以人物肖像画著称的著名画家后，逐步向山水画方面转变，并着重画中有文，正像唐代王维所说的“画中有诗，诗中有画”，着重山水风景形象内在的气韵特征的表达，并不注重形象的逼真。荆浩在《笔记法》中指出：要在“气、韵、思、景、笔、墨”六个方面用工夫，抓住风景形象内在的气质特性，而不必追求外部形象的逼真。因在实践中体会到山水风景的无限广阔，写实是不现实的。正像北宋郭熙在《林泉高致》中说："千里之山，不能尽奇，万里之水岂能尽秀，一概画之，版图何异。"因此，要对写生的对象，概括、提炼，并与主观的感受情思结合起来，然后表现在画面上，成为一种新的画风，这就是一种特具神韵的写意山水画。到了明代这种写意山水画得到广泛的发扬，苏州出现了沈周、文征明、唐寅、祝允明、仇英等蜚声画坛的著名画家，被称之为吴门画派、吴门书派。他们的书画以清新、雅韵见长，讲究文气、重视意境，认为写意才能抓住山水的实质。

造园、造景有了写意的手法，就可尽情发挥，达到景境深远、气象万千的境界。古典园林以咫尺之地，展现无穷山水的意境，就是采用了"一峰则太华千寻，一勺则江湖万里"等写意画的手法，使景观效果得到了扩大，一些题额、景点题词等也能增添无限遐思。此外，文人情怀，诸如琴、棋、书、画都可在园中展现，丰富了隐逸文化的生活内涵，也充分表达了园林生活的实际需要。虽然这些对于现代城市公共景观有些偏颇，但可使现代景观多一点思考余地，多一点参考内容。

此外，苏州园林景观之所以被联合国教科文组织评选为世界文化遗产，除园林本身具备应有条件外，苏州的深厚社会文化背景也有其极大影响，除前述的文人、画家辈出外，与造园技艺的丰富积累和材料的易于收集也有莫大的关系。例如被国际（尤其是日本）看重的《园冶》一书，就是苏州吴江人计成所著，文征明的侄孙文震亨有《长物志》一书问世，其中多方涉及造园技艺。假山堆掇则有名家戈裕良等，他的作品——环秀山庄至今仍然公认为精品、孤品。所用太湖石就选自太湖中孤岛——西山周边。建筑方面有北京明故宫的建造者蒯祥，他的故乡就在城西香山。目前香山一带仍然工匠众多，他们被誉为"香山帮"，以经验丰富见长。对于传统古建筑，即使没有图纸，只要把规格、要求说清楚，也能施工自如，建筑中除木料要依靠浙、赣外，砖、石等均有地产，其中陆墓的砖窑，更是技艺精湛，北京故宫中铺地的金（京）砖，都出自陆墓。因此，厅堂、亭、廊的用砖都是细腻光洁。所有这些，都为造园提供了技术和物质的保证，在这样的背景条件下，加上园主的精巧构思，使造园技艺精益求精，不断发展，成为造园造景的文化基础。而这些技艺的丰富积累，也为景观营造创造了十分有利的条件。

1.5 社会背景及其影响

社会背景是整个社会的方向，是社会的精神面貌。

社会背景与文化背景一样，是从宏观上讨论整个社会的面貌、风尚、发展动态等。从当前全国各地专家学者纷纷来到苏州举办讲座，一些学成归国的科技人士首选苏州创业求职，以及广大农民工都积极来苏打工、求职等形势看，苏州是在发展中，是在创业、开放中。

当今苏州政府倡导的苏州城市精神——“崇文、融和、创新、致远”——足以反映城市的社会风尚和面貌，整个社会确实是在不断求索、不断前进中。这城市精神有深度，有内涵，易记忆，可操作，得到了社会的肯定。

2006年1月25日《姑苏晚报》副刊“怡园”中有一副对仗十分工整的联句，充分表达了这城市精神的内涵实质，也体现了实际意义和对现实社会的概括。

发扬崇文传统，融和古今中外。

坚持创新精神，致远南北东西。

作为文化形态的城市精神，是城市的品牌，对外有渗透力，对内有凝聚力；一个生气蓬勃、充满创新意识的城市精神，对外可提高城市的知名度，对内则可激励人民的开拓进取心。

综上所述，苏州在发展城市景观方面，可称是得天独厚地存在着许多优势。首先，经济有保障；第二，自然环境、城市传统，气候、土壤、湖河交通，都有其自身的优点；第三，从社会保障来说，苏州当前正处在一种发展着的，成熟而上升的氛围中，最为突出的是苏州的文化水平和整体背景，以此为基础，就可以创造出更多更好的新景观！

第2章　美与审美

美与审美是一门学问，有许多专门著作进行研究，并且已上升到哲学的范畴予以讨论。

而本书只是希望通过这方面的约略提及，使人对美与审美有一较完整的理解，特别是古人与今人对美的看法，存在着一定的差异，进而影响到对景观的看法、评价等。因此，有必要对此作一提示，从中或可得到某些统一！

什么是美？美是客观的存在，是一种令人激动、使人心醉神迷的现象；美也是指一些能引起人们感觉愉快的事物，特别是能引起身心愉快的感觉的事物；美又是良好、完善，与坏的、欠缺相对立的现象，对此可概括为三层含义：一是具体的审美对象；二是美的本质和美的规律；三是众多审美对象所具有的特征，是形式和形象表现出的美的属性。

而对于美的感受、理解、反应，却又因人而异地有所区别，更与个人的经历、理解程度、文化素养、环境因素许多方面有关。简单地说，这种对美的理解与感受，便是审美。

美与审美也随时代而有不同。现略提一些看法，予以讨论。

2.1 传统的审美意识

说到传统审美，必须追溯到具有文字记载后的古代才较可信。例如孔子在《论语·八佾》中有一段话：“《韶》尽美矣，又尽善也，《武》尽美矣，未尽善也。”这里的《韶》与《武》都是当时的音乐篇章名，《韶》乐是歌颂舜的乐章。舜与尧行揖让，是孔子心目中的仁政，所以其总方向是至善至上的，乐章也就尽善尽美了。《武》是为歌颂周武王而作的篇章，商纣暴虐，武王用武力定天下灭商兴周，周朝推行仁政，其总方向是正确的，但动用武力使百姓受灾，就违背了仁，所以乐章只能算是尽美的，算不得尽善。下面再举两例予以申述：其一是孔子采用“比德”的方式，进行审美。荀子借子贡与孔子关于为什么玉贵、珉贱之讨论中记述了《荀子·法引》中的讨论“子贡问于孔子曰：‘君子之所以贵玉而贱珉（普通石头）者，何也？为夫玉之少而珉之多邪？’孔子曰：‘恶！赐！是何言也！夫君子岂多而贱之，少而贵之哉？夫玉者，君子比德焉。温润而泽，仁也；栗而理，知也；坚刚而不屈，义也；廉而不刿，行也……诗曰：言念君子，温其如玉。’此之谓也。”用玉的温润而泽等特性与君子的高尚人格相比拟，所谓“言念君子，温其如玉”，是用美好的事物属性与审美对象互比的一种审美方式，称之为“比德”，也即是以事物美好内涵作为比照的一种审美方式。另一是楚灵王与大臣伍举的一段对话，《国语·楚语》上，“灵王为章华之台与伍举升焉，曰：台美夫？对曰：臣闻国君服宠以为美，安民以为乐，听德以为聪，致远以为明，不闻其以土木之崇高，彤镂为美……夫美也者，上下内外、大小远近，皆无害焉，故曰美。若于目观则美，缩于材用则匮，是聚民利以自封而瘠民也，胡美之为？”这是直接以事物内涵审美的典例，同样表明了重视内在的、心灵的、文明的审美意趣。既体现了美善同义的传统，更是一种伦理性的评价。以孔子为代表的儒家是这样，而以老子为首的道家也表现了类似的审美意趣。《道德经·十二章》中写得明白：“五色令人目盲，五音令人耳聋，五味令人口爽，驰骋畋猎，令人心发狂，难得之货令人行妨，是以圣人为腹不为目。”这可说是更高的要求，只求果腹温饱不要感官视觉的欣赏，未免过分了些。但不论怎样，这些都足以反映传统审美意识中，积极的、高尚的一面。虽然传统审美意识有其可贵的一面，但总觉得过于苛求，过于功利化。近代王国维、蔡元培等提倡审美超功利，认为“美为普通性，决无人我差别之见参入其中……”不能有利害之关系。[①]这从当时反封建的立场出发，是完全必要的。而从现代生活看，多倡导一些节俭，少几分奢华，这和科学发展观与和谐社会的宗旨，是应有某些吻合的。而且从哲

① 文艺美学丛书编委会．蔡元培美学文选[M]．北京：北京大学出版社，1983．

②彭富春.哲学美学导论[M].北京：人民出版社，2005.

学思维分析，美的现象不能只是感觉的，也应是心灵的。[②]心灵上的俭约，更可以体现社会的和谐、进步。

西方对美的认识有其独特的方面，早在公元前6世纪，古希腊哲学家毕达哥拉斯（Pythagoras）及其学派，提出了“数是万物之本”的观点，宇宙万物一切现象都受制于数，数是万物的基本元素。数的均匀、协调才能产生美，调整好数量比例便能产生美的效果。中世纪文艺理论家奥古斯蒂努斯（Augustinus Aurelius，350～430年）对毕达哥拉斯“数是美的基础”的观点依然遵循不渝，因其崇尚宗教神学，故认为美的和谐、整一是上帝的赐予，由此而得到了宗教的支持，使这一初始的美学哲学观确定了稳固的社会基础。后来，汤姆斯·阿奎那（Thomas Aquinas，1225～1274年）提出了“完整性和完备性”、“匀称和调和”、“色彩和光辉”是构成美的三个基本条件，认为“纯洁和均衡”可以构成美，使对美的认识增添了一些“形而上”的哲学思维。写到这里，不能不提出以笛卡儿（Descartes Rene，1596～1650年）为代表的唯理论，他们进一步确认“数学和几何是无所不包的，是适用于一切领域的理论；理性方法的实质就是数”。于是几何学便成为科学美学的基础。表现在景观审美方面，便是重视轴线，强调平衡与对称、比例与协调、主与从的关系等。

1750年作为美学创始人的鲍姆嘉登（Alexander Gottlieb Baumgarten）认为：根据人的心理活动——知、意、情三个方面中，有关认识方面的知识形成了逻辑学，有关意志方面的学科形成了伦理学，而对于情感、感性方面的知识尚未形成学科。据此，鲍姆嘉登便创设了美学，认为感性认识完满就是美。从中可以知道美学的研究对象是感性认识的完善，是关联人的感性、感观和感觉器官的学问。感觉有快感和不快感之分，在快感之中又有肉体的快感和精神的快感之别。美学主要是研究人的精神快感与现实审美关系的学问。作为一门学问，应该是有广阔的视野，包括美的理论、美感的理论以及艺术和审美经验的理论等。

受传统文化等的综合影响：审美情趣重视天人合一、师法自然、法天贵真、咫尺山林等，苏州园林就直接体现了这种审美意识；后来，效仿西方美学后，一度出现了许多新的变化，最为直接的反映是所谓“西式洋房”及其附属景观，诸如轴线对称、节奏韵律、主从平衡等，出现了规则式的造园风格。直到最近，受城市人口、城市空间、交通等多方面的制约，城市景观逐步开创了因地制宜、结合自然环境、充分利用地方资源等一系列造景的要领，只需遵循合理规划、调整适度设计等原则，使城市景观简洁、大方。金鸡湖周边、白马涧生态园等，都可称是这一原则的范例。

2.2 审美意识的现代认识

时代在前进，媒体、广告等的传播在加速，国际间的交往也在增多，特别是影视宣传的效率大幅度提升后，人们的视野开阔了。审美的需求和水平也在不断发展，前面所说的传统审美意识，往往难以对美与不美作出及时的判断，即使达不到传统的审美那样深刻，但直觉地、一过性地即时作出反应，也是显示社会生活快节奏的需要！例如：当人们从媒体、影视中见到自然界、国际间的种种美景以及城市中各种美的景观后，就会设法参与、仿效，或仿建，说明美与视觉是联系在一起的，这里并不反映到美景的内涵。可知，观看是人们最先的感官反应，是一种即时的生理反应。从人的生理来说，视觉先于听觉，也先于嗅觉。这是符合物理学上光速快于音速的原理的。欧圣荣等更认为视觉占所有感官的87%，景观经由视觉的作用而形成的美感经验是最主要的感受，可见视觉之重要。③于是，由此产生了一个词语——美观，即是从视觉反映上是美的观感。城市建筑、城市景观、道路、商店，以及各种城市设施都需要具备美的观感，也就是观看对象具备赏心悦目的形态，生活其中才会觉得愉快。这美观一词便成为审美的第一感受了。以前维特鲁威（M.Vitruvius）曾将这

③转引自：周春玲，张启翔，孙迎坤.居住区绿地的美景度评价[J].中国园林，2006(4)：62.

美观一词译为拉丁文Venustas，17世纪英国诗人沃顿（Sir Henry Wotton）又将Venustas译成英文Delight，[④]按Delight在辞典上的解释和译意是："高兴和喜悦"。有了这一解释，视觉形象的美观，就可以与传统的审美道德标准接近或统一了。也可以产生这样一种认识：视觉上的美观与否，与传统的审美意识是可以统一的！换句话说，道德高尚才能引起高兴和喜悦，因此，追求美观，并非离经叛道，并且可以肯定,视觉审美是第一位的，是基本的要求。

从景观设计而论，不但要研究景观的感性美，还要探究其本质的美，美在哪里？这就需要作一些哲学美学的思考。追问美的本质是什么？关于这方面的探讨，会有唯物主义、唯心主义和实践唯物主义三条道路。[⑤]即从实践活动开始，探求物质和精神的统一，人与自然、人与社会的关系，在改造自然和改造社会的实践中创造美。在实践中建立起与社会的联系，与自然的相融，寻找出一种美的根源，再从本质返回到现象——美与善的统一，表象与本性的统一。

当人们物质生活与精神生活进一步改善后，更需要从本质上追求美、美感和美的创造。从源头上看，美的主要形态是自然美与社会美，自然美和社会美又以生态美为基础，其实质在于人的自然化和自然的本真化。老庄学说中"道法自然"、"法天贵真"的思想，通过现代文明的转换与创造，成为现代美学提倡生态美的基础。景观设计中主张师法自然的原则，可以看作是建立在生态美基础上追求的艺术美。由此使生态美与艺术美得到了融合，也可以说生态美与艺术美是可以统一的，是互为补充的。并且，生态美已经成为人们追求的美的主要形式。

④（日）高桥鹰志.城市生活的质量[J].陆伟等译.建筑学报，2007(2):8.

⑤彭富春著.哲学美学导论[M].北京:人民出版社，2005:49.

2.3 美学与建筑、景观的关系

建筑与美学挂上钩，并作为专门学问进行研究，是在1750年美学成为独立学科后才开始的。最早是由德国古典美学的集大成者——黑格尔(G. W. Hegel)所倡导，他将建筑艺术与雕刻艺术相比较，认为无论在内容上还是表现方式上都是地道的象征性艺术。他认为艺术是普通理念和个别感性形象对立统一的精神活动，探索建筑与其他艺术之间的关系便成了西方美学研究的重要内容之一。歌德(J. W. Goethe)、谢林(F. W. Sehelling)等略早于黑格尔的一些美学研究者就比喻建筑是凝固的音乐，并与绘画等艺术相提并论。

19世纪以后，西方建筑理论研究分为现代主义和后现代主义两个时期。在现代主义发展时期，西方的建筑艺术流派纷呈，主义繁多，如未来派、构成派、风格派、造型主义等。从总体上看都倾向于功能主义的美学取向，美学风格可概述为功能主义的技术美，表现出形式服从功能的审美特征。认定功能是建筑美的基础，不求过多装饰，而是通过基本部件的重复组合，明朗简洁的配置，形成生动的韵律变化。有关理论观点主要是：强调建筑应随时代的发展而发展，与社会需要、经济等条件相适应；要重视建筑的实用功能，发挥新材料、新技术和结构的作用；借鉴现代造型艺术和技术美学的成就，创造工业时代的新风格；不受历史建筑风格、形式等的束缚，创造性地设计新的建筑。

20世纪60年代起，文丘里、詹克斯等明星式人物，怀着批判现代主义的思想，著述了《后现代建筑语言》、《建筑的复杂性与矛盾性》、《什么是后现代主义》、《后现代时期的建筑》、《从包豪斯到现在》五本书，提出了“后现代主义建筑”的概念。所谓后现代主义的思想，其实质是复古主义倾向、装饰的倾向、重视地方性和保持与延续文脉的倾向、国际化及玩世不恭的创作态度等。这对建筑界带来了重大的美学观的变革：是对传统的和谐美学观的超越和反叛！甚至对现实常用的统一、均衡、比例、尺度、韵律、色彩、对称等也认为过于局限；重视建筑与其他艺术共性的研究，以及研究视野的扩大；较重视建筑与环境、建筑与文化、建筑群体间的关系等的研究。在此总概念下，文脉主义、引喻主义、装饰主义等流派也就应运而生了。

现代主义和后现代主义怎样影响景观美和景观设计，这同样不是短短几句话就能说清楚的，许多景观也难以判定属于什么美学范畴，正像设计师马莎·施瓦茨（Martha Schwartz）早期认为园林景观都是与石头、水、植物打交道的，无所谓现代主义，但到后来他在设计RIO购物中心时，也呈现了结构主义的风格。[⑥] 最为突出的是巴西的马尔克斯（Roberto Burle Marx）的抽象式园林和以南美丰富的地带植物材料配置了色彩对比明显且又自然简洁的色块，成为当今普遍使用彩色纹样地被植物的肇始，这不能不说是受到现代主义建筑美学的影响。[⑥]

对于苏州这样一个人口众多、空间有限的发展中城市而论，景观设计首先考虑的是功能需求、生态优化等，即我们提倡的“硬质景观功能化，绿色景观生态化”的理念，是功能主义技术美的理念。这与现代主义的注重实用功能，根据实际需要，随时代的发展而发展的思想，何其相似。另一方面，苏州是一座具有2500多年历史的文化名城，城内有众多的世界文化遗产，任何一个有价值的景观都离不开文化的支撑，这和后现代主义注重文化、重视文脉延续等理念又是那么的切合，古典园林的那种移步换景、小中见大，无不与文化有关，耐人寻味的现代景观也都与城市文脉的延续有关。就以建筑大师贝聿铭设计的苏州博物馆新馆中的假山而论，也十分尊重城市文脉。这些都体现了后现代主义美学思想的影响。我们认为只要利于生态、便于生活、适于发展的城市景观，都应予以肯定倡导，师法自然、创设自然本真化的环境，不仅是社会的共识，更是景观设计追求的大方向。

审美是心理、生理、意识的综合反应，是感知、情感、联想、理智的组合。鉴于审美主体也即是人的审美心理各不相同，因此，必须使审美客体即景观最优化，才能使大多数人接受。要

⑥张纵．我国园林对于西方现代艺术形式的借鉴及思考（下）[J]．中国园林，2003(4)：59.

根据社会、经济等多方面研究，从时代特征、人们的生理、心理、意识等入手，研究审美主体的共同需求，树立带有导向性的、引领时代发展的审美意识，创设城市新景观。

第3章 景观设计理念研究

景观一词最早是地理学术语，由德国施吕特尔（O. Schlter）提出。

景观是人们在特定的文化环境中，通过特定的媒介所作的表达。[①]

景观是城市中的一个元素，是城市的组成部分，景观的风格、规模受制于城市的规模和格局，但有时也可以超越原有的桎梏，如苏州工业园区就大不同于古城区的“双棋盘”格局。说明凡有利于发展，有利于创新，就可以存在。景观是要有物质基础的，不是不可捉摸的，是占有一定空间的，是具象的，以自然或充分自然化的空间形式出现，这种空间形式常被称作境域。在一定的空间中占有一定尺度的物体，我们用“形象”一词来称呼它。这形象是不是美？首先，取决于这个“形象”与空间的关系，与空间系列的关系。借鉴艺术形式，运用视觉思维，结合有关材料的形态、质感、肌理等综合研究，将这种综合研究的结果，用图纸和文字来表达，并进一步作为实践的依据，这就是设计。设计的根本依据便是视觉——人的主观意识。正确的主观意识从哪里来？正确的主观意识只能从实践中来，这个实践就是对社会的综合感受，特别是对城市环境、道路、建筑等的综合理解和体念，再结合“形象”——客观的物质对象。将这二者联系起来组成一个专用的名词——“视觉形象”，这便是现代景观设计最初步、最常用的话语！设计师依靠各自的聪明才智、艺术素养，对美和审美作出理解和反应，对空间环境作出认识和理解，也就是说一件美的景观作品，首先取决于设计师能否把握好“视觉形象”这一基本要素。另外，景观设计的优秀与否还取决于是不是符合社会的发展需要，涉及社会性、功能性、审美性以及生态性等一系列有关城市、社会的需要问题。其中尤其要关注和研究大众行为心理与生态问题，这是农业社会中尚未涉及的问题。

①吴家骅. 景观形态学[M]. 北京：中国建筑工业出版社，1999.

因为这是关系到人类可持续发展的大问题，这也反映了景观功能的外延在不断扩展。

3.1 景观生态

3.1.1 景观生态与城市生态

设计城市景观要和城市生态联系起来。这里用“联系起来”四个字的初衷是：因为景观是城市的组成部分，不是可有可无的像一碗面中的香葱。景观应该渗透到缓解生态的功能之中！众所周知，城市化的结果是发展了工业，集中了人口，但却带来了生态问题。民国以前我国仍处于农业社会，当时的口号是“以农立国”，人口分散在农村、乡镇，人口总量也不多。因此，生态问题不是主要问题。国际上对生态的认识也是从1869年（也有资料说是1866年）德国的动物学家海克儿（E．Haeokel）在研究动物与环境的关系时才开始提出的，以后逐渐发展、完善，成为一门关系到国计民生的重要学科。其实质是生存适应问题，是生命体与环境之间协同与否的问题。

生态城市是市民能安全、舒适、健康地生活的城市。所谓安全就是少灾少害；舒适是指气候、环境等综合因素对人是适宜的，是舒服和方便的；健康是指清洁卫生，有利于人的生理活动。因此，生态城市应该是生活、生产间协调，符合可持续发展的总方向的。

城市化后生态问题更为突出，生态学不是一项单一的学科，而是与众多学科互相联系、互为渗透的综合科学，是关系到可持续发展的系统科学。要缓解生态问题也不能仅靠某一学科或某一城市的努力，要综合治理才显效果。1939年德国学者特鲁尔（Carl Torll）更提出了景观生态学的概念，强调空间异质性、等级结构和尺度在研究生态格局，以及人类活动对生态系统的影响时，尤其突出空间结构和生态过程在多个尺度上的相互作用，[②]景观生态学将景观与生态关系紧密地联系在一起，并与环境科学发

②车生泉．城市绿地系统结构分析与生态规划[M]．上海：同济大学出版社，2003．

生交叉。因此，我们认为要缓解（只能是缓解，不可能解决）生态问题，首先是要从宏观的国土规划入手，要从区域经济，城市与城市之间的分工，工农业的布局、规划等大处入手。这在我国社会主义制度下应该比资本主义社会便于实施，特别是在当前城市化加速推进的时期，更应从客观上规划、调整。根据《中华人民共和国规划法》第14条规定："城市规划应该注意保护和改善城市生态环境，防止污染和其他公害，加强城市绿化建设和市容环境卫生建设，保护历史文化遗产，城市传统风貌、地方特色和自然景观。"另外，《中华人民共和国环境保护法》第22条也规定："制定城市规划应当确定保护和改善环境的目标和任务。"当这样的规划对许多老城市无能为力时，新的开发区，像中国与新加坡合作开发的苏州工业园区正在这方面作出努力，正在努力实行合理的工业、生活、行政、经济规划，一旦规划通过就坚决执行。虽然有了规划，对各个不同功能区作了安排，但因工业排放、人口密集等影响，污染是难免的。在这样的条件下，景观绿化似乎能起一点缓解作用。在美国，根据空间的自然规律，综合了各种管理规划，包括国家公园署管辖的国家主要的规划内容，即总体管理规划及景观规划。景观规划不仅强调规划过程，还包括了土地利用方式、反映政策与利用方式、预测未来远景等。规划还包括了环境影响、环境评价、环境保护等方面的内容。[3]我们是否可以在城市绿地系统规划中，增添一些景观生态规划方面的内容和要求呢？

3.1.2 植物缓解生态环境的作用原理及其测定

植物缓解生态环境的作用原理：基于光合作用，植物在制造有机物质时，需要吸收大气中的二氧化碳，同时释放氧气，其能量则取自太阳，这是地球上唯一能直接利用太阳能的生物。另外，植物的枝叶能减弱风害、遮阳、增湿，根系能固土、防止土壤流失，虽然这些功能对苏州这样的平原城市，作用似乎并不明显，但在少雨、干旱或丘陵地带就十分重要，对缓解生态环境有所裨益。其

③弗雷德里克·斯坦纳．生命的景观[M]．周年兴等译．北京：中国建筑工业出版社，2004：252．

中一项调节空气，保持大气中氧气的含量的功能更是其他生物无法比拟的。据德国贝尔纳茨基（*A.Bernatzky*）的研究：一株百年生的水青冈树（*Fagus sylvatica*）计有1600m^2的叶面积，晴天通过光合作用，每小时可吸收（即消耗）二氧化碳2.35kg，释放氧气1.7kg。这1.7kg的氧气约可供10个成年人一年的需氧量。[④]可见树木对改善空气质量的效果。

又据北京林学院《园林树木学》（1985年）的资料：12m宽的悬铃木行道树，可减弱汽车噪声5～7dB。至于滞尘等效果，更与树种和种植方式有关，一般落叶阔叶树在生长季节滞尘效果最强，常绿树次之。针叶树因针叶上的气孔较易堵塞故略差，但针叶的表面积大，其效果如过滤网，滞尘效果较好。树木积聚烟尘后经雨水冲洗又可恢复其原有功能，所以道路旁的绿化有十分重要的意义。同时，树木还具有缓解城市热岛效应效果，夏季可使气温下降0.5～1.5℃。

程绪珂1989年10月在中国风景园林学会、园林经济与管理学术委员会天津研讨会上的发言中提到：[⑤]1988年上海市区绿化覆盖面积是4877.7hm^2，按日本林业厅的计算方式，计算出上海地区绿化生态效益如下：

每公顷的光合效益：吸收二氧化碳48t，产氧气36t。

但每公顷的植物呼吸作用会放出：二氧化碳32t，吸收氧气24t。

两者抵消后净产氧气12t，消耗二氧化碳16t。

按4877.7hm^2绿地覆盖面积计算，净产氧气4877.7×12=58532.4t。

按当时氧气价格2000元/t计，合计可达117064800元，虽然这一产值是散布在空气中的无形价值，也未必很精确，而且对吸收消耗的二氧化碳也未计入经济效益中，但仍可以知道环境效益是可以计算的，是有实际意义的。从这个方面说，绿色植物是生态系统中的生产者，是有益于生态环境的。

天津市园林局贺振、徐金详列表叙述了不同绿地的环境效益，见表3-1所列。

④ A .Bernatzky. 树木生态与养护[M].陈自新等译.北京：中国建筑工业出版社，1986：120.

⑤程世抚. 程绪珂论文集[M].上海：上海文化出版社，1997：204.

不同绿地的环境效益 表3-1

绿地类型	面积 (hm^2)	环境效益（t/万m^2）				备注
		产O_2	吸收CO_2	吸收SO_2	滞尘	
乔灌木复合绿地	6090.5	214.4	259.9	0.24	87.0	交通、单位绿地
公园式绿地	2176.0	141.0	194.6	0.16	57.2	公园
林带	854.65	31.1	42.9	0.03	12.6	防护林、楔形地
苗圃	446.0	177.7	245.25	0.03	72.1	

不仅如此，绿化景观以其较广的覆盖面，良好的自然性，与环境的融合性，以及随时序变化同步形成的四时节律、花开花落、生长荣枯，给人生机勃勃的繁荣感受。这些不可替代的景观价值，充分体现了绿化对环境的深层意义。

3.2 大众行为心理的研究

大众的行为心理是基础性工作，直接关系到设计的成败优劣，只有了解大众的行为心理后，才能在设计时做到以人为本。关于行为心理，涉及感觉、思维、认知和情感等一系列心理、生理活动，而感觉中的视觉又与景观的关系最为密切，我们提出的“视觉形象”便是景观设计的目标和归宿。思维和审美是紧密相关的，经过思维而产生的审美评价又往往与情感相联系。另外，环境和行为又呈现交互作用的关系，有时环境能影响人的行为，比如在光洁的地板上，再不拘小节的人也不会随地吐痰；相反，杂乱的环境就易使人不讲礼仪。行为心理是一门十分深的学问，必须花大力气才能入门，而本书只能通过与景观有关的一些具体事例加以分析、讨论。

事例1：有些行为往往是不假思索作出的反应，因为是简单的动作，很难分析其心理过程，心理学家也将其归纳为“先天直觉”、“后天习得”的反应。而笔者则倾向于归纳到“后天习得”这样一种行为中去。这一事例最常见的是人们对一块大草坪喜欢在某一斜角（如果有斜向的两幢建筑的话）走出一条小径，即常说的“抄近路”现象；又如一条城市干道的两侧各有一公交站台，而这干道的中间有绿化隔离带，人们为了换乘公交方便，往往不顾这绿化带中花卉多么漂亮，也会肆意踩踏穿越，日久便形成一条人行小径，影响了草坪和绿带的完整性和美观。

从以上两个事例看，能责怪行人不爱护绿化吗？抄近路已成为大多数人的习惯，已成为“先天直觉”和“后天习得”的行为反应。只能从设计上进行改变，设法在隔离带中设置人行过道，包括设置斑马线等，将大草坪改成多个三角形等以满足人们的穿行需要。这不能说是迁就陋习，而是一种以人为本的设计理念，符合大多数人的实际需要。

事例2：个人空间和私密空间在静止状态或没有拥挤等外在因素的影响时，人与人之间应至少保持40～50cm或曲臂的距离。小于这个距离就会让人感到不舒服，这对设计绿地中的座椅至关重要。因为两个陌生人坐在一起必然会有一点距离，不可能像恋人一样紧挨着坐在一起。与此同时，绿地中的座椅位置也十分重要，如若没有一片树林或灌木丛作围护，也就是说没有一点私密性，那么游人坐下来就觉得不安稳，这和街道上的座椅不同，绿地中应该提供给游人一点遮拦，包括要有一点树荫、屏障，否则总觉得不舒适。再有，绿地中过去都用花岗石做座椅，坚固有余而实用不足，夏季石材上热得烫人，冬天冷得像冰，所以，目前已在逐步改变这一状况。

事例3：园林中设置园路是为游人散步之用，园路的长短并不依实际尺度而定，而与路两边的景观有关，两旁景点多，值得欣赏的景物丰富，则园路再长也不觉其远；反之，耐看的景物稀少，再短的园路也觉兴趣索然！因此，园路的长短应依路旁景物而定，景物丰富可曲折变化，尺度长些，反之则短些。由此及彼，目前的许多城市广场或杂乱，或空洞，说明规划本身未经仔细调研。

图3-1 拙政园园景（一）

图3-2 拙政园园景（二）

图3-3 拙政园园景（三）

总之，大众行为心理、人的正常需求、设置景观的目的和功能等都必须充分调研，才能做到以人为本。也可以说这些都是景观设计最基本的认识。

3.3 设计手法的传承与发展

我国园林历史悠久，造园经验丰富。记述这些经验的专著有明代计成撰写的《园冶》，这是有关选地、建造、掇山等的经验总结；明代文震亨的《长物志》、屠隆的《考槃余事》、清代李渔的《闲情偶寄》等，充分记述了优秀的技艺和传统的造园手法。除此之外尚有许多虽不见文字记载，却仍具极高价值的传统技艺，值得传承和发展。针对苏州地少人多，景观用地有限的现状，选择“小中见大”这一空间理念略为展开讨论，并与现代景观比照。既说明现代景观是根植于传统理念之中，又展示了这些手法的传统与发展。至于其他手法，也都是宝贵的经验积累，但限于篇幅，只能割爱了。

3.3.1 小中见大手法的应用和传承

所谓小中见大，是指在有限的空间产生较宽广的视觉效果，这在古典园林中是一大创举，我国地少人多，这一手法也永远是必要的，而所采用的技法则主要是对比、借景及丰富文化意趣等。其中对比的范围颇广，随处都可引用，在古典园林中应用最多、最广。对比手法首推抑与扬、明与暗的对比。古典园林空间都较小，必须从艺术上寻求扩大空间感的途径，因此“欲扬先抑”这一抑一扬的对比就被普遍应用了。例如拙政园入口处设置一组树石组景，使人的视线有所遮挡，进得中部才觉更加宽敞；又如留园在入口处经30余米的较暗的陪弄后，到达绿荫轩向北一望，只见阳光明媚，花木扶苏，空间顿觉宽敞，这成为著名的明与暗的对比。至于小庭院与山水大空间的体量对比，更是随处可见，这些手法对于现代景观设计也极有参考价值。例如工业园区金鸡湖大酒店建于独墅湖边，是

图3-4 苏州博物馆新馆（一）

低平广袤之地，但在北面围墙边堆土成坡，坡上广植林木，选用高耸、浓阴之大树。在湖泊平原之旁，有此高坡茂林，也可称得上“山高林密”，这也是高低的对比之效。可见，互为对比，只要因地制宜，应用得当，仍有广泛的用途。这也是基本的造景手法之一。

图3-1～图3-3是拙政园的园景照，在水面旁建造了丰富的亭、廊、花架等，相形之下水面就显得比较紧凑，亭廊等园景却尽显繁华，水面的平静映衬了花木的欣欣向荣。

图3-4、图3-5是苏州博物馆新馆的主建筑群和更狭小的水面，但因其采用聚集而不分的手法，紧靠在主建筑旁，水面上又用贴水平桥横亘其上，桥旁建一小尺度的重檐亭，在建筑、桥、亭的映衬下，水面显得十分宽大。这也是疏与密、高与低互为对比的效果，显示了小中见大的生命力。

图3-5 苏州博物馆新馆（二）

1. 借景及其应用

借景是传统的重要造景手法。《园冶》中对此专列一章详述讨论。《园冶》中说“高原极望”，“门引春流到泽”。这两句借景的手法描述，被当今许多房地产开发商广为引用。造高层就可在高层实行“高原极望”，工业园区金鸡湖周边的高层建筑，莫不以极望金鸡湖为号召，为的是借开阔的金鸡湖之景。小区前挖一溪流和水池便是“门引春流到泽”的景观了，如此等等，可称是手法多样！

借景有近借、远借之分。沧浪亭园中无水（仅一小潭），可是墙外却河道宽阔，于是依水掇山，驳岸用湖石堆叠，建廊造亭俨然水在园中，水园相依，是称近借；拙政园虽较宽广，但却无高塔，正好园西有北寺古塔，于是从水边西望塔影湖光，塔在园中，塔在树丛之中，这是著名的“远借”（原来园中见山楼，浮翠阁上都可远望西部山峦，但今已被高层建筑所挡）。除此之外，尚有一种特殊的借景，称为“声借”。耦园东南角有一小楼，楼在园之一隅，极安静，傍晚除鸟声依稀外，寂静无声，但忽闻园外摇船橹声自远而近，由近再远，万籁俱寂中有此橹声，顿觉园景无边，心情随之振奋，因名此楼为“听橹楼”，这便是著名的“声借”范例。当今城市喧闹，“声借”已不可取，相反，采用隔声玻璃窗屏蔽窗外噪声则是时尚。因此小区周围，住宅旁用高绿篱、密树冠屏声隔噪，应予重视。此外，尚有互为借景的手法。例如金鸡湖与高建筑之互为借景，也有良好的效果。

借景等都是为创设小中见大的一些习见手法，而小中见大还是当代人总结的结果，古代往往用比喻等加以表达。例如：《后汉书·方术传下》：“费长房曾为市椽，市中有老翁卖药，悬一壶肆头，及市罢，辄跳入壶中，市人莫之见，唯长房于楼上睹之，异焉。因往再拜，奉酒脯。翁知长房之意其神也，谓之曰：‘子明日可更来’。长房旦日复诣翁，翁乃与之俱入壶中，唯见玉堂严丽，旨酒甘肴盈衍其中。”这便是壶中天地的典故，这个典故清楚地用壶中有着厅堂摆设、美酒筵席等十分宽广的陈设，形容药壶之中有此广大内涵。同样，另一典故更表明了古代对小中见大的比喻十分传神。据《维摩经 · 不思议品》记述："若菩萨往是解脱者，以须弥之高广，内芥子中，无所增减，须山王本相如故。"弥勒佛居然可安放在芥菜种子中，更直接形容了小中容大和小中见大的效果。

今苏州工业园区，因有金鸡湖等城市湖泊，开发商据此发展了借景的理念，在湖泊之北造了不少住宅建筑，开窗即见宽广的湖面，被称之为"湖景房"（如在山边，也就可称之为"山景房"等等），这都是借景的应用实例。这些都是传统造园手法中至今可以借鉴的，是一种有启发意义的思路，是有助于当今造景时发展发挥的。

2. 空间概念及其应用

在人的视觉范围内，在自然界和人类活动中，运用美学思维、艺术手法、文化意趣，将建筑亭廊、道路泉水、花草树木等组成的平、立面布局和构图，称之为景观空间，或称开放空间——室外人居环境。这是充满着亭廊花木等实物的实体空间，区别于可以无限扩大的大自然，也不同于由底、侧、顶界面构成的建筑空间（一种可供人类在其中活动的真正意义上的空间）。由于景观空间一般位于城市之中，所以也可称之为城市空间。城市空间必然与建筑物有较多联系，可以理解为建筑物外的许多领域。甚至运用模拟自然的象征手法创设的空间，都包括在内。

城市空间既是建筑外部空间的组成部分，与自然界必然会有更多的联系，与生物、生态等学科也紧密相连。换句话说城市空间将日益关注城市生态的改善，这促使生物多样性、景观生态化、植物造景等问题较易从理论上扎下根来，并深入下去！

从空间审美来说，还可从空间的时空观加以认识。空间观常用"维"（或"度"）来表示。其中一维是线条，二维是平面，三维是静态空间，四维是动态空间或是包含了时态的空间，五维是心理时空。这种时空观古代也已有所理解，据《五灯会元 · 太

史黄庭坚居士》：“庭坚学禅常不悟，遂问于高僧晦堂，晦堂诲之曰：禅道无隐全在体味中，但庭坚仍不得其要，于是晦堂趁岩桂盛开时，与庭坚同行于山中，问道：闻木犀香否？答曰：闻。晦堂解释道：禅道如同木犀花香，上下四方无不弥漫，所以无隐。庭坚始悟。”这上下四方无不弥漫，形容花香占满了周围的空间，也就是空间因花香而随之延展。说明这种富有四维空间概念的思维，早在宋代已被黄庭坚等学者所理解，到明清便将其应用于园林景点上了。

景观设计中常运用这种四维、五维的空间概念，作为设计手法进行设计实践。现以拙政园与其西侧的苏州博物馆（新）为例，对比其空间意趣：新馆的设计是在有限的空间内，融入了传统园林的设计手法，使建筑与景观融会贯通，突破了内外空间的局限，使博物馆本身也成为展品的一部分，虽然处处展现着传统园林的内涵，但又充分表达了现代设计的手法。

下面从位置、空间序列等多个方面与东邻拙政园予以比较

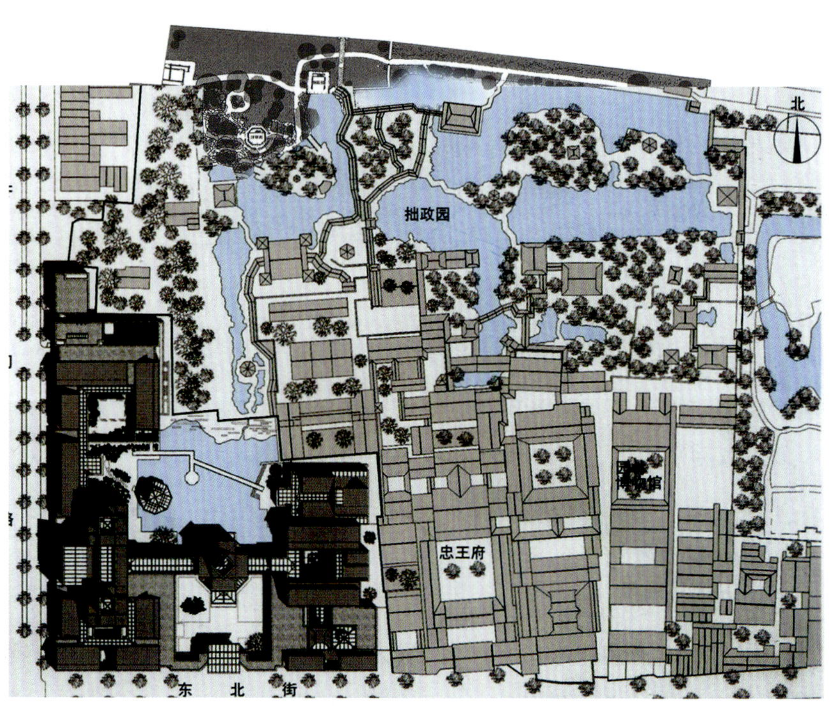

图3–6 拙政园与苏州博物馆（新）场地对比图

（图3–6）。图中颜色较浅的是拙政园及忠王府，较深色的是博物馆（新），位于苏州古城东北街，毗邻拙政园。

拙政园是久负盛名的世界历史文化遗产单位，始建于明正德四年（1509年），经历代修建而成现状。占地5.2万m^2。

苏州博物馆（新）是2006年新建的，由著名华裔建筑师贝聿铭设计，占地10700m^2，其中景观用地2000余平方米，位于拙政园和忠王府西。正因为其紧邻相依，所以设计手法等更多借鉴，也更有变化和创新。

3. 空间的组合和序列

将丰富多彩的不同空间按类型，有秩序地贯通、穿插、组合起来，使大小、纵横、起伏、明暗、曲折、深浅等不断变化，引导视觉饶有趣味地搜索前进，这就是空间序列。

拙政园的空间序列是开朗中有曲折、平淡中富变化、通透中多高潮，使人应接不暇地欲止又行不断深入。从南向的大门入内后，顺时针方向西行，过秫香馆只见洞门旁有亭翼然，亭前曲水粼粼，水之南厅堂华丽，水北又见双亭高耸，繁华景象跃入眼中。再往西，更是水廊曲折，厅阁并呈，楼台相望，若无导游相引，几难寻归路。这种高潮阵阵、景物连连、疏密互陈、曲折有序的景观序列，让人流连忘返。这就是空间序列的组织恰当、内容丰富多彩的结果。

苏州博物馆（新）中央是主入口、大厅和花园，东部为美术画廊、教育设施、茶水服务、行政管理等，西部为主展区。主入口和花园之间是进入所有展区的通道。限于面积，虽不像拙政园那样高潮连连，但其空间序列也是曲折多变的，展厅之间只要内容丰富，同样可给参观者惊喜不断、回味无穷之感。

另外，空间组合和序列对城市公园来说，可以通过树木的疏密、园路的曲直、园景的开朗或隐蔽等予以适当组织，引人入胜，使人产生游赏兴趣！

图3-7 拙政园之水廊

图3-8 拙政园香洲之侧（北）视

图3-9 拙政园见山楼及曲桥

图3-10 苏州博物馆（新）

图3-11 苏州博物馆（新）主庭院水面

4. 空间的曲折起伏

拙政园的单体建筑，常用曲折的廊、桥、墙垣等连接，丰富了空间的竖向和平面变化，使园景富有回味，延长了游览线路和增添了趣味性。拙政园的水廊曲折、起伏空间的平面和竖向变化丰富多彩。拙政园的建筑高低错落、小桥曲折有序，增添了平面和立面的空间效果。图3-7～图3-9表达了空间起伏曲折对丰富景观的效果。

苏州博物馆（新）的主庭院采取非对称布局，水面聚而不分，平面呈方形构图，与拙政园的曲折起伏成为明显的对比，在空间上由于主庭园、水面等都紧凑地聚集在中央，自成全园的核心，加深了空间的宽阔感（图3-10、图3-11）。

5. 空间的连通与渗透

空间的分隔使有限的空间显得宽大，空间的连通可使较远的景观拉近，空间的互为渗透则增加了空间的层次感。

拙政园小飞虹，作为架空的廊桥既有分隔空间的作用，又可使两侧空间互相渗透，从而增强了空间层次感（图3-12）。

博物馆空间通过巧妙的分隔与适当的连通，使人的视线可以从一个空间穿透至另一个空间，从而使两个空间互相渗透，显现出空间的层次变化，从而让人感觉回味无穷（图3－13、图3－14）。

在公共绿地中，由植物组成的疏密、曲折、连通的空间，配合林冠线的高低起伏，同样具有分隔渗透、连通或分隔等空间变化（图3－15）。

图3－12 拙政园小飞虹

图3－13 苏州博物馆（新）内景

图3－15 苏州博物馆（新）之竹景
竹林隔而不绝，中间还有步道相连，让人有继续向前参观的欲望和意趣。

图3－14 苏州博物馆（新）竹景

3.3.2 按景观生态学的概念指导植物设计

景观生态学是指在相当大的区域内，由多个生态系统组成的整体空间结构。在城市环境内市民的活动对相关的生态系统影响是巨大的，因此，必须在空间结构以及不同尺度间的生态过程中，充分关注各系统间的相互作用。苏州园林是古人在尚未理解景观生态前，摸索创建的微缩了的景观生态系统，包容了植物、山水、人类活动等系统。正因为整个园林空间有限，所以更运用各种艺术手法，力求小中见大，但从景观生态而论，艺术手段再高，其生态意义也还是有限的。

这里要讨论的是怎样运用生态系统中最具生态价值的植物为城市景观、城市生态服务，发挥更大的作用。

苏州地处亚热带北缘，属常绿、落叶针阔叶混交林地带，植物种类丰富，常见种类多达400种以上。可以运用景观生态学原理，在天人合一、师法自然等传统哲学思维指引下，将植物景观在有限空间内发挥其最大的生态效益。通常运用的手法便是将乔、灌、草组成复层空间。针对场地条件的差异，更可应用丰富的植物种类，组成富有异质性的空间结构。空间异质性越大，景观的类型也就越丰富，抵御病虫害侵染、防止外来干扰等的能力也就越强，生态系统也就更加稳定，景观效果也随之提高。

虽然在三维空间内布满绿叶有利于生态效果，但因植物存在种内、种间竞争，在不影响生长的前提下，应照顾植物的空间结构，将不同种类的乔灌木组成植物群落。群落内部则依空间距离，按生长速度、所占空间大小确定种类或品种，通常树冠高大或速生的种类，间距宜宽，反之则可略窄。这就避免了“杨柳已成荫，松柏尚侏儒”的弊病。

现将常见群落的模式树种，略举数例，以供参考。

（1）圆头形群落——香樟或广玉兰＋各类春夏花木，如樱花、海棠、紫薇、木槿等。香樟树形高大，所占空间广，故距离宜放宽。

（2）尖塔形群落——水杉、池杉＋秋冬花木，如桂花、木芙蓉、蜡梅、瑞香等。水杉、池杉是尖塔形树冠，基部大于树冠上部，因此，与桂花、蜡梅等可空间互补，距离相对可略小，又因冬季落叶，选配一些常绿花木，有利于冬季景观。

（3）色叶型群落——银杏、枫香或乌桕、柿树＋桂花＋山茶＋茶梅＋碧桃＋枫树等。

（4）夏荫群落——紫薇+木槿+栀子+四季桂+火棘。该群落与圆头形群落有相似之处，但其中层树木可有较多变化。重点发挥香樟冠大浓荫的特点，有利于夏季遮荫。

（5）春花群落——梅、樱、碧桃、海棠类＋含笑＋紫薇＋骨干树。

（6）秋花群落——桂花、木槿、木芙蓉＋蜡梅＋骨干树。

（7）冬花群落——蜡梅、山茶＋茶梅、瑞香、梅花＋骨干树。

以上提到多种骨干树种和春秋花木群落，在实际设计中可互相穿插、变换，可以从丰富的地方植物种类中遴选出适于环境的种类，加以组合、调剂。苏、沪等地春花种类丰富，易组成景观优美的群落，而秋冬则必须认真设计选配适宜种类，才能形成良好景观。

近来推广观赏草的配置，如芒草、针茅、石菖蒲等。但这些草本冬季也多落叶枯黄，所以还得将吉祥草等常绿草种予以结合配置，以利冬景。

至于已经广泛实施的“色块”（模纹花坛）的应用，与三维结构的群落式配置原则并不矛盾，只要从色彩对比、叶形配合适宜等方面考虑周到，仍是极好的植物景观，而且是符合景观生态原理的。

如果说小中见大、借景等种种造园手法是传承了历史经验的话，那么按景观生态理念指导植物设计，该是一种在传统经验指导下的发展。

3.4 设计理念的把握

设计理念贯穿于设计工作的全过程，前面提到的研究大众行为心理与重视生态，是设计理念的重要方面。对于场地的充分理解，实际环境包括道路系统、与周边建筑的关系、采用材料及其效果等的具体把握，都对设计有重要意义。其中特别是对一些关键部位，也即是通常所说的节点及周围的相关因子一一掌握，以及对许多细节问题尽可能多地了解、把握，这样才能做到以人为本。其中，对重要节点更要深入研究，这是设计思想深化所必不可少的环节，是空间特征塑造的具体表现，能否使其充分发挥优势，对设计成败起着至关重要的作用。

景观设计与周边环境能否协调，倒过来说，周边环境尤其是建筑物与景观之间的相互配合，是十分重要的。城市景观一般从属于周边的环境，是城市空间的重要内容。苏州市在改革开放之初，争先建立开发区，对建筑风格关注不多，规划也未必完善，在这样的条件下，城市景观或可弥补建筑风格参差之不足，甚至可优化城市环境。因此，对城市景观的要求就更为严格。总的来说，与自然环境相融合，同时又能富有文化内涵，形成与自然融为一体的外貌，富有亲切含蓄的人文特色，是景观设计的初衷和目的。

再有体量方面的协调以及比例关系的协调，都应十分注意。一般视觉的感受首先是从体量上获得的，所以对诸如大小、尺度、高低位置等都应认真考虑；色彩、材料等也须全面关注，方能使所设计的效果有所体现。

在植物景观方面，要贯彻自然性、地方性的基本原则，要针对地方植物种类丰富、优良品种众多的优势，以及植物与环境易于协调的特点，充分发挥植物造景的生态意义，使环境向良好方向转化。

建筑小品也要多考虑一些功能需求，少一点装饰性的点缀；铺地材料同样要考虑实用、经济。

另有两项景观也是必须谨慎处理的。一是水景，当水容量达到10000m^3以上时，因已具备基本的自净能力，因此，可按绿色景观处理（自然界江、湖、河等也都按绿色景观计入环境容量中）。分散的、小于10000m^3的水景则必须认真对待，因其管理、保洁很难，花费很大。另一项是雕塑，虽然雕塑本身占地少，效果也不差，但要完成一项优秀的经得起时间考验的作品却也实属不易，苏州工业园区入口主干道中新路上一组不题名、一看就能理解的抽象性的雕塑，应该说是苏州近年来雕塑方面的优秀作品（参见12.2节相关内容）。

景观是社会生产、人民生活所必需的，是艺术与技术多元结合的综合体，艺术上要体现创作哲理以及设计个性。为了能让人们理解有关景点、景区构成的景观序列，进而理解整体空间感知所显示的审美特征。要求设计师在艺术性、功能性、技术性等方面全面把握。当视觉艺术成为现代景观设计的主要形态时，有必要对艺术的造型形态、视觉肌理、色彩构成等因素⑥作深入的研究。在此基础上有人提出从视觉形象、生态绿化、大众行为心理三方面来评价住宅小区环境设计的优劣。⑦这些可看作是现代审美与设计实践结合的结果，景观设计理念在实践中不断完善着。

檀馨先生在设计北京皇城根遗址公园时，从后现代主义思想出发，认为从事园林景观设计时要遵循五点原则："规划定性、定位，继承和创新，突出特色，体现先进文化，以及多方位、多视角设计好城市开放空间。"⑧

四川、西藏、新疆、青海等地发生地震灾害后，防灾绿地成为应对自然灾害的有效措施之一，解决灾民临时安置、疏散周转等所起的作用是明显的。即使不发生地震灾害，火灾、台风、暴雨甚至战争等人为灾祸也在所难免，多一些缓冲场地，多一些周转用地，对减轻损失也是有重大作用的。因此，在进行城市规划及绿地系统规划时防灾绿地应作为重要内容予以考虑。

⑥张纵．我国园林对于西方现代艺术的借鉴及思考（上）[J]．中国园林，2002,3(3):43.

⑦孙爽．后现代主义：现代园林设计主流[N]．中国花卉报，2002-02-25(7).

⑧侯慧，张建坤．住宅小区环境设计评价初探[J]．中国园林，2006(10):21.

第4章　苏州城市景观的演变

城市景观反映了城市的政治、经济、文化的水平和风格。城市景观又随经济的变化而变化。20世纪30年代抗战时期我国各地呈现着一片萧条，根本无所谓景观和景观的优劣，到了20世纪80年代，各地争相发展经济、改变城市的面貌，在这样的动力推动下，城市开始发展，改造旧城，开发新区，建设新城，各地的城市景观发生了相应改变。

4.1 苏州城市的传统格局

吴王阖闾"欲强国霸王"，问计于伍子胥，子胥曰："凡欲安君治民，兴霸成王，以近制远，必先立城郭。"吴王乃使子胥"相土尝水，象天法地，筑大城，周回四十七里，陆门八，以象天之八风；水门八，以法地之八卦；筑小城，周十里，门之名，皆伍子胥所制：东面娄、匠二门，西面阊、胥二门，南面盘、蛇二门，北面平、奇二门（今日之平门，系20世纪30年代所开，非吴王时期之平门）。"唐时，八门齐启，刘梦得有诗云："二八城门开道路"。宋淳熙十一年（1184年）有173042户，人口则达298405人，[①]可见当时已相当繁荣。城市也已有了相当规模。另外，更将城市布局勒于石上，即《平江图》（见图），流传至今成为最早的城市规划图。根据该图的规划：平江城市布局，仍沿袭大城和子城的形制，共设娄（北）、葑（东）、齐（北）、盘（南）、阊（西）五门。其中盘门设有瓮城，西南的胥门则改建为姑苏台。民间流传的六城门，也即是指城娄、葑、盘、齐、阊和胥六城门。整个城区都有宽阔的护城河环绕，水中大多设有水城门。

平江城的子城仍修筑在阖闾子城的原址上。呈长方形，南北约1.5km，东西仅1km，周长约6km，城内道路都呈井字形或方格状，其中中轴位置的护龙街（即今人民路）最为繁华。南自饮马

① 宋·范成大撰《吴郡志》卷一.

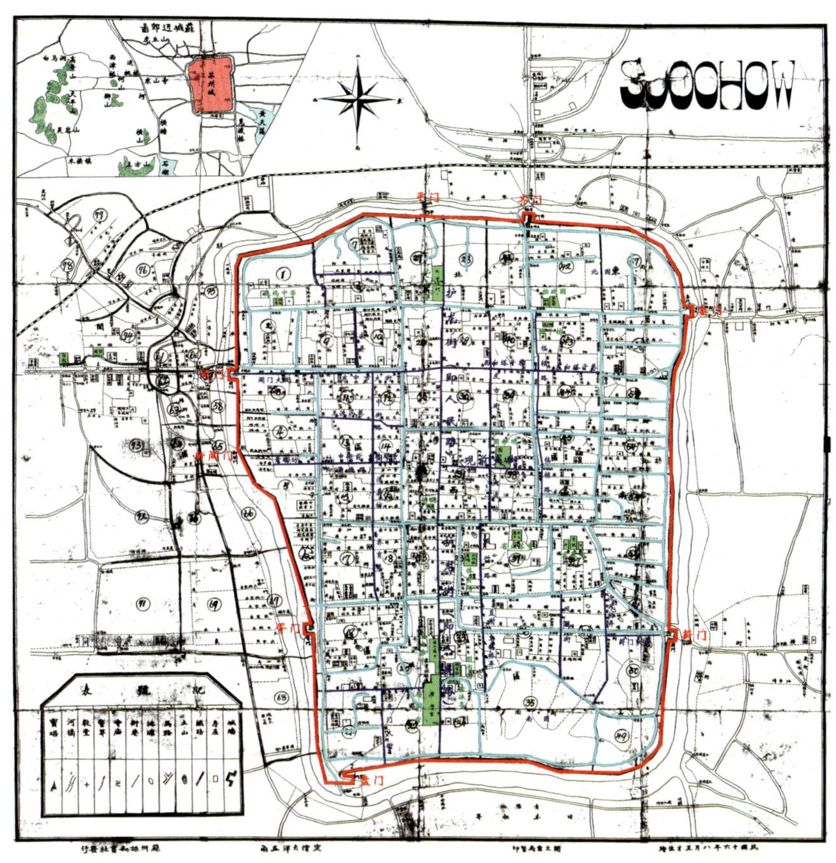

图4–1　民国时期的苏州城区图（注：经彩色描绘后，清楚显示了苏州城内三横三竖的河路并举的城市格局，同时城墙位置与平江图对比，也无重大变迁。圆圈中的数字是当时苏州将街坊划分成78〝都、图〞。这〝都、图〞相当于现在的街坊）。

桥，北对报恩寺，乐桥东、西有东市和西市。南北均有众多官宇、古迹等，民居则散落城内各地。许多“河桥、楼亭、庙宇、商店、园林建筑物，左右前后，错落布置，组成极为丰富的城市街景”②。

明代苏州城市平面布局沿袭过去，县署仍在城的中部，居民区多在城的东部。清代的苏州城平面格局也未变，但城郊发展较快，阊门一带形成新的商业和手工业区，城外上、下塘街一带更是踹布业和山地货集中的所在。

自1229年平江图碑完成至民国时期的近千年中，苏州因未经重大的战争摧残，交通又以水运为主，加上农耕社会比较稳定，人口变动不大，城市变化也较小。城区有砖砌的城墙围护，内外

②俞绳芳．我国古代城市规划的一个杰作[J]．建筑学报，1980(1)．

城河的围合，城址十分稳定。

图4-1是民国十六年（1927年）出版的苏州城厢明细图，展示了稳定的城址、5座城门与《平江图》上完全一致。金门、平门、相门都是1930年前后才开设，南门则迟至1951年打通人民路后才形成，当时已无设城门的必要，仅是架一桥而已，胥门由姑苏台恢复改建。对照当前，城内除新增了一些多层住宅，改建了总高25m以下的商场、写字楼，拓宽了一些干道外，整个城址仍未改动，城东平江路一带依旧保持了河路并举的双棋盘格局，保持了《平江图》的大体风貌，这是难能可贵的。

值得注意的是该图中并未出现可供市民游憩的公共绿地，苏州的公园是在该地图出版后的1928年才动议兴建，到1930年竣工开放。开始有了可供市民活动赏景、游憩的公共绿地，即苏州人所谓的大公园，在城中心略偏南的公园路旁。

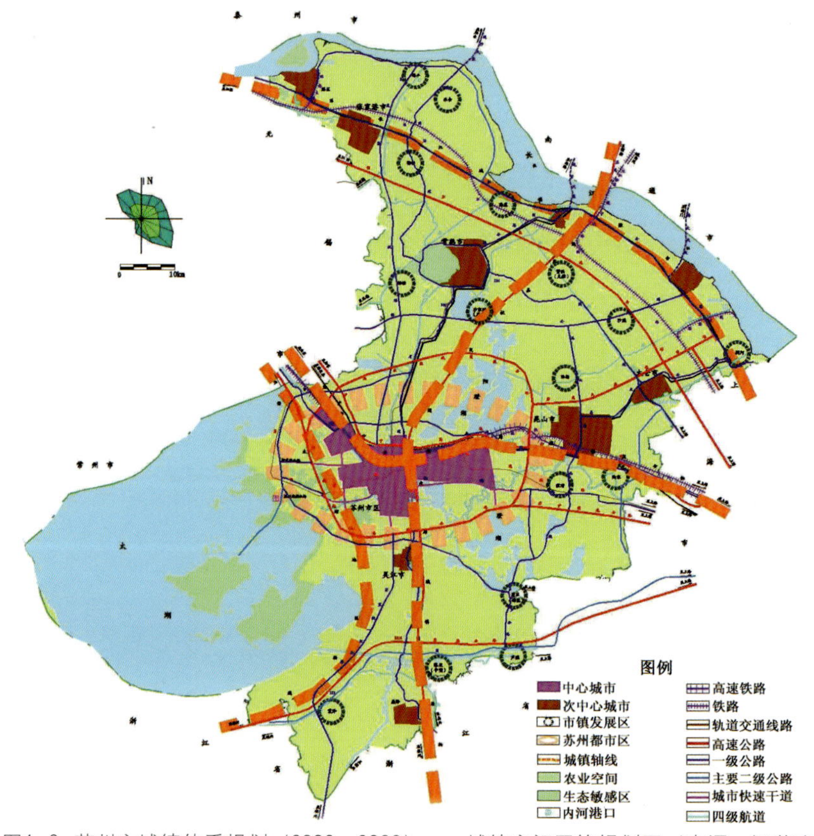

图4-2 苏州市城镇体系规划（2002～2020）——城镇空间网络规划图（来源：江苏省城市规划设计研究院、南京大学城市规划设计研究院，2003年4月）

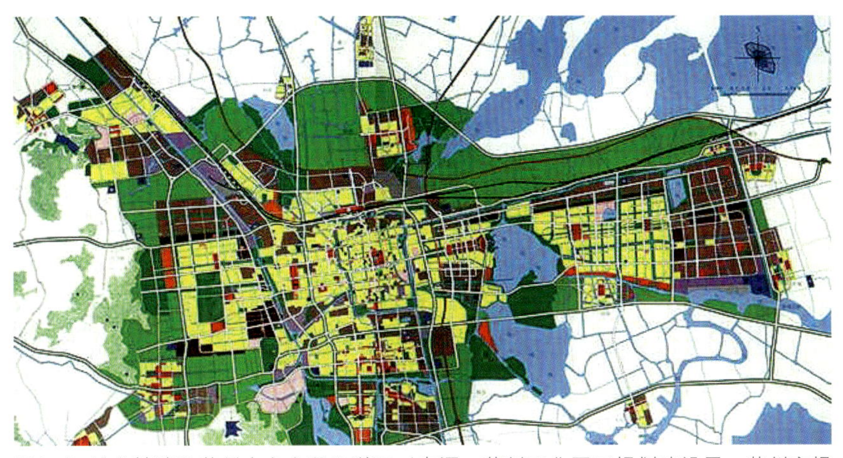

图4—3　沪宁铁路及苏州全市交通干道图（来源：苏州工业园区规划建设局、苏州市规划局）

4.2 现代市区新一轮规划体系

图4—2展示了苏州已完全超越了原有桎梏，向着全新的大范围的都市区发展，已接近国际上都市圈的概念了。原有的城区只是作为历史文化遗产而被珍视保护着。

这一规划体系与传统城市格局最大的区别是：古城居中，首先向东西开发，形成一体两翼的格局，继而向北跨越沪宁铁路，向南与吴江松陵、同里等相毗连，面积已达2597km^2。规划着重架构道路交通系统（图4—3），绕城高速公路已于2005年通车。与此同时，还规划了绿地系统，预留了景观绿化用地，因地制宜规划了河湖附近湿地等以保证城市生态环境的改善。

4.3 城市规划保证了景观空间的发展

城市规划是城市化的先行工作，可以保证城市有计划、有步骤地进行建设。苏州市的城址历千年而不变，应归功于祖先们的规划合理。当今，城市化进程加快，为了使城市能有序发展，少一些浪费，确保生产、生活能顺利开展，事先须经充分的调研，使城市发展有方向，建设有安排，使整个城市能协调、和谐地前进，从而使城市既能满足生产、生活的需要，又能美观大方！这是城市建设的出发点和归宿，是城市建设的根本。这便是以人为本的城市发展观，和“人本论”的基本观点。

从“人本论”的观点出发，城市建设必须对人类的各种需求作出正确合理的安排，要根据经济条件和技术手段满足这种需求。规划不仅要满足人们的衣、食、住、行等的物质需求，还应关注并满足人们的精神需求。要根据城市的历史文化，配置相应的学校、文化设施和景观等，创设良好的社会氛围。

随着工业发展的加快，人类赖以生存的自然环境遭受了前所未有的破坏，一个新的规划目标提上议事日程——可持续发展。1972年召开的联合国斯德哥尔摩会议上通过的《人类环境宣言》中指出：可持续发展就是“既要满足当代人的需求，又不损害子孙后代并满足其需求能力的发展”，这一发展战略的根本目的是“确保人类的持续存在和发展”，其核心是“生态的持续性”、“经济的持续性”以及“社会的持续性”。1984年的联合国《人与生物圈计划》报告中，提出了生态城市概念及其相应的五项原则：生态保护战略（包括自然保护，动、植物区系及资源保护和污染防治），生态基础设施（自然景观和腹地对城市的持久支持能力），居民的生活标准，文化历史的保护，将自然融入城市等。

生态城市概念的提出，打破了中国的传统城市格局，为新景观的诞生预留了空间。中国当代城市规划中有关景观规划，已从局限的公园转为对公共开放的多元化、多功能绿地系统。传统的“园林”一词已难在绿地系统中发挥应有的作用，而“景观”概念的出现更好地诠释了现代公共的园林绿化艺术，可以在生态城市中发挥积极的作用。

在这样的理念引导下，苏州的景观建设将从传统点状的园林和无序的布局中脱颖而出。2002年的苏州市城镇体系规划（2002～2020）将苏州分为市域、都市区、中心城区、古城区四个层次。从空间网络规划和生态功能分区图中可以看出，规划以点、线、面的多样方式，真正做到了将城市融入自然（图4－4）。其中四个生态分区为：环太湖生态功能区、阳澄淀泖水乡与古镇生态功能区、沿长江生态功能区、沪宁线城镇发展轴生态功能区。这四个生态分区既体现了多样性、多功能性、公众性的发展方向，更突出了与自然和谐的生态性。

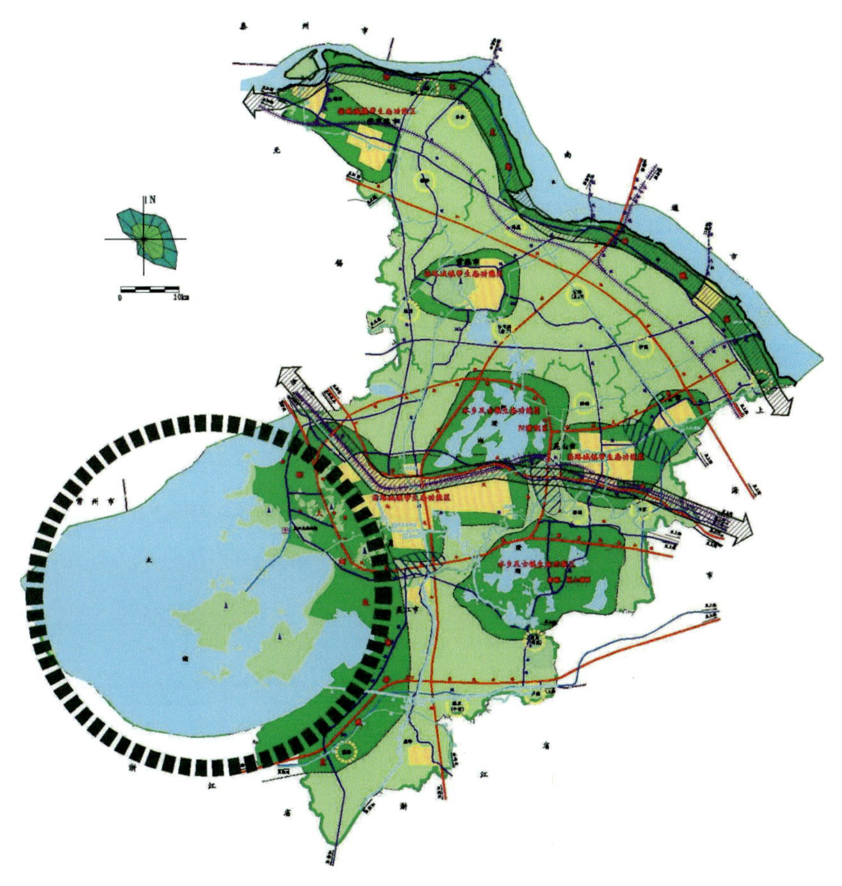

图4－4　苏州市城镇体系规划（2002～2020）——生态功能分区图（来源：江苏省城市规划设计研究院、南京大学城市规划设计研究院，2003年4月）

规划中将214.5km^{2}的苏州市区与昆山市巴城、张浦、锦溪、周庄四个镇，吴江市松陵、同里镇、原莞坪三个镇，再加上常熟市辛庄镇，形成了一个总面积达2597km^{2}的苏州市城镇体系规划。“城镇体系”范围的空间结构呈现“一环（绕城高速公路）加十字（东园、西区、南吴中、北相城、中古城形成的十字结构）”格局；纲要提出的未来空间结构是“两区（西部山体至太湖的生态保护区和南部江南水乡保护区）双城（苏州主城和苏州新城）”等，其中苏州主城由高新区和古城区组成，主要承担城市生活服务中心和市域政治、文化中心等职能，并作为培育未来高级产业区的主要空间载体。绿地系统规划充分利用苏州优越的自然和人文景观资源，建设具有苏州地方特色的城市园林绿地系统。古城区绿地布局秉承“假山假水城中园”的传统体系，对苏州历史文化名城保护实行“全面保护古城风貌”的原则，保护整个古城以及与古城历史、文化、景观密切联系的地段和风景名胜区。控制古城容量，优化环境，保护古城风貌，完善职能，改善、改造基础设施和居住条件，建设“真山真水园中城”的创新体系，形成“城中园，园中城”的绿化格局和五片三环二带加城市四角楔形绿地的点、线、面相结合的绿地系统。其中，五片指五个规划分区的公园、古典园林和绿化系统，三环指古城墙环城绿带及主要由城市环路组成的绿带，二带指沪宁交通带和京杭大运河，楔形绿地指古城外四角以山、湖为主体的大型绿地（即宣传中所谓的“四角山水”）。

这一规划要点极大地丰富、扩大了宋代《平江图》所示的内容和规模，适应了当前发展的需要。不论是“城中园，园中城”，还是“五片三环二带”和“四角山水”，发展景观的空间可称是无限广阔！

4.4 城市设计是景观形成的前提

城市设计是介于城市规划和建筑学之间的一门学科，是运用合理的计划，将三维物质形态思路体现在公共领域的设计，这些领域由公共空间和建筑共同界定。城市设计是服务于各种不同区域的，包括市中心、滨水区域、校园、走廊、邻里、混合发展区域以及特殊区域，要考虑的要素包括现有的发展项目、发展方案、基础设施、街道框架、开放空间框架、环境框架以及可持续发展的规划等。“城市设计的任务是将规划的一些设想体现在建筑设计之前，指导建筑设计有序进行。城市设计的工作范围是从城市中的一个区域开始，首先是比较重要的区域。规定在这个区域内的所有建筑行为，其中包括：建筑物的属性、体量、高度，色彩，建筑与道路的交通关系，建筑物之间的联系，广场绿地的范围等。就像乐队指挥一样，城市设计指挥着城市区域中的每一个元素，使其各得其所，主次关系、比例关系一目了然。……城

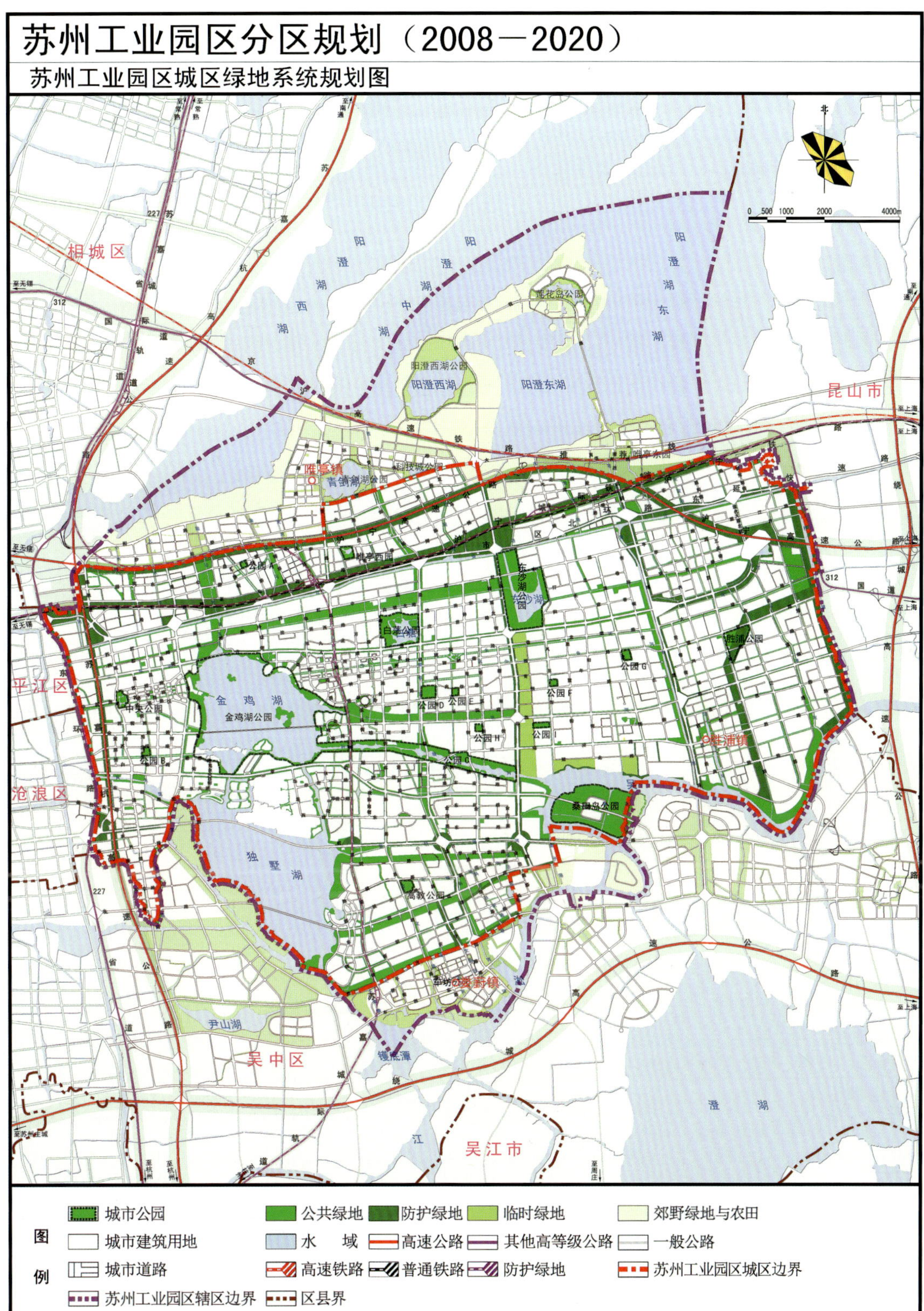

图4－5 苏州工业园区绿地系统规划图、

③苏州工业园区总规划师时匡教授访谈纪要。

市设计是空间艺术，设计师要凭空间想象力找出建筑与建筑之间的关系，要让它们能互相对话，而非互相排斥。”③

在城市设计界定建筑用地范围、建筑高度以及建筑物之间联系的同时，也圈定了街道与建筑之间的景观范围。根据不同的地域功能地貌，出现了广场绿地、城市中央公园、街道线性公园、社区邻里公园、场所绿地、街头绿地、河岸公园、河道两岸绿地、生态湿地等不同性质、不同功能的景观用地（图4－5）。在这些不同的景观领域中，建筑扮演了相当重要的角色——建筑面向景观的高宽比不同，景观场所周边的建筑密度不同，建筑物间的尺度关系不同，

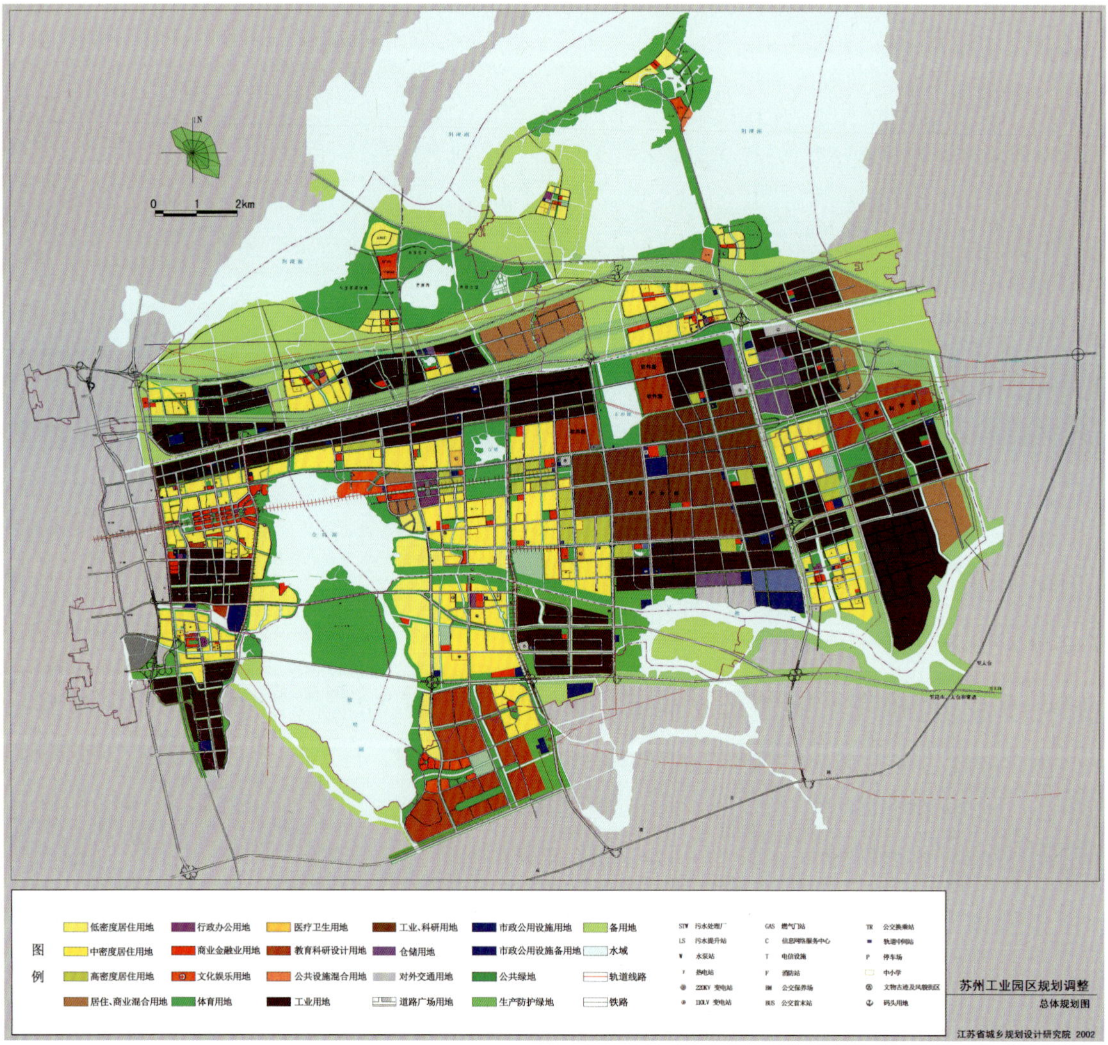

图4－6 苏州工业园区总体规划图

都会形成不同的景观界面，给人不同的场所感受。换言之，在景观设计之初，一个好的城市设计已经为一个好的城市景观的诞生提供了先决条件。

以苏州工业园区为例，从总规（图4－6）到重点区域（金鸡湖区域）中心地段城市设计，每一步深入设计都严格遵循上一级规划指导。在绿地系统总规中，以尊重现状为前提，预留出不同等级、不同功能的景观用地，并确定金鸡湖区域为先期开发用地。控制环金鸡湖圈各元素的有机结合，形成最优化的城市形象。在这些城市元素中，尤其是城市CBD（中央商贸）要考虑建筑与景观之间的相互关系。建筑是其中最能影响空间天际线的元素，从图4－6中可以清楚地看到，从规划中的金鸡湖西岸红色区域到三维空间城市模型的形成，是经严格的推敲和设计的，这就是城市设计的指导意义所在。随着城市规划和城市设计理念的不断成熟，建设城市已不再是领导的一句话，或一个会议的决议，特别是《人与生物圈计划》、《人类环境宣言》的发表，从总体规划到城市设计，从公共建筑到景观设计促使苏州的城市景观从小桥流水的城市风貌向公共的、开放的城市景观转变，从无序的城市建设向有目标的空间转变，向生态的方向转变，同时也就为城市景观的发展空间提供了可靠的保障。

4.5 景观建设随城市的发展而发展

前已提及景观必须建立在经济、文化的基础上，才能有所发展，经济是前导，与文化具有相辅相成的因果关系。苏州是历史文化名城，相应的经济也较稳定，从民国初年到抗日战争，这段时期中苏州开始有了工业，农业也连年丰收，所以各方面都呈发展态势。与此相应的文化事业也蓬勃向上，中等教育在全省乃至全国都名列前茅。经济发展促使交通运输随之兴起，原有运输用小河已被人力板车等代替。因此，出现了拓宽马路的建议，城市公园也在这一时期开始兴建。

但从1937年抗日战争开始，到1949年中华人民共和国成立前的这十余年时期内，经济衰退，工厂倒闭或被日本人操纵，市场萎缩，根本谈不上建设，更无景观可言。20世纪50～80年代，这30年左右的时期，虽说政治稳定，经济复苏，但景观建设却依然彷徨不前，一方面尚未具备足够的物质基础，另一方面对城市景观的指导思想尚处于摇摆不定的阶段。直到20世纪80年代，也就是改革开放后，随着城东面工业园区、西面高新区的建立，城市化的快速推进，许多工厂的兴建，经济有了长足的提升；城市规划、城市设计理念的不断完善，城市景观由此得到了支撑。其中经济基础的稳固，文化、教育的相应兴起，城市化进程的加快，就更增添了景观建设的动力。

表4-1列了1978～2007年，这30年中苏州经济发展的概况，反映在人均收入逐步增长，人口也不断增加，许多外省、外地人士和工人争相到苏州发展，更添加了发展的动力，城市规模随之扩大，城市化进程加快，为景观建设提供了根本的条件。

苏州市30年来的发展概况 **表4－1**

	年份	总人口数（万）	市区居民平均年收入（元）	备注
1	1978年	137.4222	514	
2	1979年	139.3640	574	新型住宅小区开始建设
3	1980年	142.3719	687	
4	1981年	148.5261	690	
5	1982年	148.5261	714	苏州列入全国24个历史文化名城之一
6	1983年	151.5360	733	
7	1984年	152.4510	918	
8	1985年	153.6379	1106	
9	1989年	155.6308	2223	
10	1990年	556.61	2450	
11	1991年	561.02	2427	
12	1992年	564.27	2788	高新区宣布成立

续表

	年份	总人口数（万）	市区居民平均年收入（元）	备注
13	1993年	566.89	2695	干将路开始动迁
14	1994年	569.28	4885	工业园区宣布成立
15	1995年	571.43	5790	干将路旁景观随之建成
16	1996年	572.91	6591	商品房开始大规模兴建
17	1997年	574.12	7479	
18	1998年	575.35	7812	金鸡湖区景观初步建成
19	1999年	575.35	8406	
20	2000年	576.23	9274	
21	2001年	578.17	10515	金鸡湖大桥建成
22	2002年	583.56	10617	金鸡湖中A、B岛建成
23	2003年	590.97	12361	
24	2004年	589.8510	14451	会展中心建成开放，白马涧生态园建成
25	2005年	607.3101	16276	
26	2006年	619.2789	18532	科文中心建成开放，李公堤建成
27	2007年	624.4311	21260	轨道交通建设开工

注：以上人口按公安局户籍在册人口，不包括外来临时户口。（资料来源：2008年5月9日《都市新周刊》）

据2008年9月13日《城市商报》报道：苏州登记流动人口已达585万，尚不包括短期前来打工经商等人员。《2007年苏州市国民经济和社会发展统计公报》公布：2007年地区生产总值5700亿元，工业总产值19040亿元，其中规模以上工业企业总产值15950亿元。地方一般预算收入541.82亿元，全社会固定资产投资2360亿元。市区城市居民人均可支配收入21260元，农民人均收入10300元。

以上数字说明，无论从人口、经济等方面考虑，苏州加快城市化进程还是势在必行，景观建设也将随之而发展。

第5章 综论

景观是一门多学科交叉的综合性学科，涉及的理论和工程技术问题很多，有些还与艺术、文学等有一定关联，见仁见智难以达成共识，更难梳理出一套通用的、基本的理论体系。正像明代郑元勋在为《园冶》题词中所说："园有异宜，无成法，不可得而传也。"为私人建造面积有限的家庭园林，尚且难以形成"成法"，而今为城市建造大面积的公共园林景观，可以想象要整理出一整套"成法"该是多困难。但我们还得一步步地前进，这是一种责无旁贷的使命。这里只能就一些与景观有关的，且又不易达成共识，或难以用简短的话语来表达的问题，摘要予以讨论，希望引起关注，形成比较统一的看法，至少能对赏景者有所帮助！

5.1 意境与审美

古典园林中是重视意境审美的。"意境"这个富有哲学意义的文学语言，使园林景观审美也平添了几许深沉意味，甚至有些玄妙的色彩。尝闻导游向游客解释其景点时，用"富有意境性"来解答，听者即使不甚了了，也不好意思追问，唯恐会被耻笑连意境都不懂，就这样依误就误地敷衍过去。确实"意境"二字在园林景观方面有其难以理解和难以清楚表达的一面，难用短短数语表述清楚。张家骥先生在《中国造园论》中专列一章讨论中国造园艺术的意境论。他认为："意境是中国古典美学的重要范畴，在中国美学史上占有重要的地位，对于园林艺术的创作和鉴赏尤为必要。……意境说在唐代已经诞生，但其思想渊源则可追溯到先秦时期。"所以他列举了《周易》、《老子》、《庄子》等传统经典，提出了"意向"的概念，进而从魏晋时期佛教中唯心的佛性论，提出"境界"一词，又从唐代王昌龄在《诗格》中有“境”和“象”的论述，提出了“境象”一词，并认为“境象”不同于“意象”，可称之为空间意象，也就是“意境”[①]。张家骥先生通过广征博引，罗列了大量的经典著作，从中提出了许多与意境有某些关联的概念，进而认为“空间意象”便是“意境”。这样引经据典的论述，对普通欣赏园林景观者来说，仍觉得深不可测。为此，又查阅了陈从周先生《说园·三》中对意境一词的解释，他先引用了王国维先生《人间词话》有关“境界”的解释：“所谓境界也，对象不同表述的方法亦异。其与园林所现意境亦然。园林之诗情画意即诗与画之境界在实际景物出现之，统名之曰意境。”[②]这个解释用简短的语句来表述意境的深意，有深入浅出之效，因而易于被广大游园者接受。再用更简单的语句来概括，便是生活场景和思想感情融合一致而形成的艺术境界，能使观者通过想象和联想，在思想上、感情上获得感染，因此意境是情与景、意与境的交融。

意境理论即是传统的审美思维，而王国维先生“境界”说的提出，更被认为是融通了传统的艺术思维和西方的科学精神，并用于关照艺术和探讨美学价值，在情境交融中体现理想。陈从周先生认为“诗与画的境界在实际景观中出现”，是指景物具有诗与画的境界，是美好的，是值得欣赏的，这便是一种意境。美学家宗白华则认为：“意境无非是借自然景象的色相、秩序、节奏、和谐，以窥见自我最深心灵的律动[③]。”也有人更直白地指出：意指心灵，境指视界，即心灵构成的世界。[④]这就更与视觉形象相联系，与因人而异的感受相关联了。传统古典的景观也就是苏州常见的拙政园等的园景，这些园景更重视意境的创造，具有较深的文化内涵，与传统的审美意识更易融合；但现代景观似乎更着重视觉形象，更关心与建筑的协调、与环境的和谐统一。不可否认，意境与视觉形象有所不同，需要有一个思维过程，才能领略其深意。对设计者来说，要充分把握诗与画的精意，使其在实际景物中有所反映与体现，不能将意境变成玄学，不能将景观设计得令人捉摸不透其实质；对赏景者来说，往往要通过一定

①张家骥．中国造园论[M]．太原：山西人民出版社，1991：150－157．

②陈从周．说园[M]．上海：同济大学出版社，1984：55－56．

③宗白华．美学散步[M]．上海：上海人民出版社，1981：60．

④胡马．中国传统诗学的两个体系[N]．中华读书报，2005－08－24．

⑤李景奇．建立当代风景园林批评学[J]．中国园林，2008(10)：3.

的观察思考，才能从某些较难理解或较为隐晦的景点中理解其内容，才能达到心与境契的地步，经过这样几次实践将会极大提高观赏者的兴趣和理解能力。以视觉形象为目标的现代景观的景点如若都能重视文化性，那么经过大家的努力，同样可与传统景点相似，也可达到意境深远的境界！最近，更有人对意境一词作了简明而又深刻的解释，指出意境是“由实景与虚境共构而成的，是情与景的结晶，境与象的融合，虚与实的统一”。⑤

5.2 植物造景难以深入问题

多年来受缺少建筑、铺装、小品就不成景观的思想所限，植物造景的实施一直受到影响。植物造景是有助于生态环境改善的措施，因此，园林界十分重视并呼吁各方面予以关注。但是在实践过程中植物造景往往不被认真对待，究其原因不外乎以下几点：第一，植物造景不像硬质景观，工程结束效果便即产生，而是需要有一个生长恢复过程。当前许多房地产开发商，为达到预定的经济效益，就有迫不及待的心情，对植物景观就不会重视。又如一些献礼工程，也希望有即时效应。第二，为求速效，所以尽量选用大树直接移植于目的地，而大树恢复期更长，资源又越来越少，再要培育就需要更长的时日。当前这种移植大树的风气，最终将使山林、农村生态遭受破坏。第三，配置花木是艺术与技术的互相协调，很难做到人人满意。但从表面上认识，又觉十分简单，仅是种树而已！第四，种植后需要专门养护管理，才能正常生长，这也影响造景的成效。而最重要的原因，还是前已提及的把景观作为建筑的外部空间的组成部分，认为缺少小品、铺装等硬质景观就不属高档景观的思想，从理论到实践都将植物配置从属于建筑，在思想体系中就缺乏理论支持，包括专业教学中都未能将绿化作为主要课程列入教学计划中。实际上做好植物配置是要从了解植物生长习性、对环境的要求、形态的最佳表现、不良环境的弥补措施，以及在当地的生长表现、当地的植被概况都应有所有掌握，才能形成良好的景观！为求这样的效果，应从教学开始，抓紧每一环节，从设计开始就重视植物造景。再者，由于过去受“左”的政治思想影响，育苗工作得不到重视，农民育苗缺乏经济保障，苗圃建设滞后。改革开放后随着城市化的推进，绿化建设发展迅猛，苗木需求量剧增，一般苗圃都难满足需求，所以只能到外地或者山区寻找苗源，甚至直接到林地采挖大树，形成不正常的苗木供应状况。设计单位、园林绿化主管部门也较少关心苗圃工作，甚至农林院校也较少开设苗圃学课程。目前，苗木生产存在“四少一多”现象：①地方树种少。不重视地方树种的收集、育苗，局限在少数常见树种上。②优质苗少。例如优良的白玉兰、广玉兰嫁接苗，山茶、梅花等优良品种，磬口蜡梅等品种均极稀少。③整形苗少。优良的圆球形苗，干形挺直、分枝点均齐、树冠圆整的行道树苗很难寻觅。④特种规格苗更少。所谓特种规格苗是指纪念性绿地中的用苗，要求经特殊修剪整形，圃内定期移栽，甚至直接种植在超大容器中的容器苗，任何季节移栽后，均能立即恢复原有生长势的少量苗木。⑤小苗多。小苗生长周期短，育苗风险少。所有这些都直接影响了植物造景的效果。再者，设计师目前至多设计到种（species），其实重要的节点、重要景点应设计变种或品种（variety or breed）。

绿化养护是一大难题。往往种植配置时十分重视，日后养护就互相推诿，造成绿地中只剩大树，不见花木，因大树较易管理，成活后不太需要多加养管。虽然有的需要修剪，但大多可以马虎对待，而养护工作最大的难点就是经费问题。记得汪菊渊先生在生前曾不止一次地说过，绿化项目应该将养护经费同时列入预算中并应有所保障。有了经费保障养护工作应该是可以顺利进行的，而养护正是植物造景成功的有力保证。

最后，需要引起重视的是，如果绿化景观都能富含生态文化的内容，那就更能发人深省、流传久远了。

5.3 创意与传承

这里所说的创意是指超越并发展习见风貌及格局的新思路、新景观的设计思想，包括手法的提出和实践。虽然这一新景观设计的思想是全新的，是不同于现有的设计思想的，但与原有的环境必须是协调、统一的。可以说创意的要求是很高而且难度也是很大的，尤其城市景观是在公众的视线之下，要让众人都表示赞同是难以想象的。一项设计如果要作重大的变动，从根本上改变习用的思路和手法，要花很大的精力去思考、调研，待设计出图后依然难免被人评头品足说三道四，甚至可能根本不被采纳，失去施工实施的机会。所以，设计师对创意问题往往宣传、解说、标榜的多，真正实行的少，即使实行了也只是局部的、少量的创意，不敢作整体的、根本性的创新。但创意、创新是必不可少的，即使总体性创新有一定风险，但作局部、部分的创意、创新是必须的！应将其看作是设计师的天职！这里援引一实例，分析、探讨创意与传承的关系。

2003年苏州为适应城市发展、更新的需要，拟将市博物馆进行更新重建。博物馆新址位于古城北部，与世界文化遗产——拙政园相毗邻，周边更是众多的传统民居和商业，从风貌来说是古城中十分“敏感”的区位。建筑和景观的重建，首先是设计问题，而设计最紧要的是请谁设计，一旦设计成果与原有街景和建筑不相协调，失去传统的苏州格局，则不仅将对古城风貌造成破坏，也将给世界文化遗产——拙政园带来难以弥补的损失！经市政府挑选，最后聘请世界著名建筑设计大师贝聿铭先生负责新博物馆的设计。贝聿铭先生与苏州尚有一点渊源，他的叔祖是苏州狮子林的最后一位园主，贝聿铭先生虽未在苏州生活过，但在感情上总有一丝联系，请他设计应是较为理想的人选。贝聿铭先生在接受该设计任务后，提出设计应本着“中而新”、“苏而新”的原则实施。所谓“中而新”是中式的而不是欧式或日式的；“苏而新”更具体地要体现苏州地方风格，但又是新型的，不雷同于传统的新建筑或园林景观，也就是说创意与创新是必须做到的，这个承诺是很高的要求，对于苏州市来说当然是十分欢迎的。经过两年的设计施工，新馆已于2006年10月6日竣工开放。

新馆限于场地空间，所以景观设计不多，在理水方面：一方池水在室外，上架石板折线形平桥，水底满铺黑色卵石，由于桥呈折线形，所以将水面分隔成大小不等的空间；另一在室内，设计了高低两个断面，高处有水幕跌入低处水池中，周边用蒙古黑石材作为衬景，这水幕便成为进入馆内的一幅对景。在植物配置上，用竹较多，大多沿墙而栽，且呈行列式密植，这不符合散生竹自然生长的习性。几株松柏是移植的盆栽大苗。一株紫藤老树，用金属框架作为棚架，为传承东邻拙政园中明代吴门画派创始人文征明曾手植紫藤于园中，乃从该树上取枝嫁接于新栽树上，显现了丝丝古意。东邻拙政园围墙之下，是一组由花岗石及少量黄石堆积而成的群山山脉，用黑色卵石衬底，放眼看去就像一张洁白的宣纸绘就了一幅北宋画家米芾的远山深山图（图5－1～图5－3）。

图5－1 米芾长子米友仁的《云山小幅》

图5－2 宛如真山——从博物馆洞窗中远眺

众所周知，苏州园林的假山是闻名于世的，所用的材料主要是太湖石和黄石。太湖石是石灰岩长期浸渍在太湖水中，被水流冲刷形成嵌空剔透、

图5－3 苏州新博物馆内“群山”起伏连绵

外形奇特，具皱、瘦、透、漏四大特点的特有石材。黄石是石英砂岩或砂岩的统称。前者掇成的假山较为空灵奇巧、玲珑剔透，多洞穴，可以穿透；后者较为刚直，所掇之山以雄奇著称。前者的代表如苏州环秀山庄，后者的代表是耦园的邃谷。而今苏州博物馆内所掇假山则一反常见的材料和手法，采用花岗石切割成大小不等的三角形片石错落、堆掇在拙政园围墙之旁，形成了连绵起伏的群山山脉，在有限的空间中壮大了园景，增加了层次，丰富了视觉效果。事后，有记者采访贝聿铭，请他谈谈有关设计的创意时，他谦逊地说苏州园林如环秀山庄、拙政园等的假山，在用材、手法上已达极致，后人很难超越，特别是太湖石目前已难找到理想的形姿。开始也有采用湖石掇山的考虑，但为了实现自己“苏而新”的承诺，必须有所突破，后来从米芾和米友仁的写意山水画中得到了灵感，另辟蹊径地创作了这一组假山。能在这样有限的空间，堆掇出气势壮阔的连绵群山，应该说是成功的。假山的创意也是值得肯定的。首先，材料的突破，扩大了取材范围，打破了传统掇山“非湖石不成美景”的程式化思想。其次，手法上的创新也是值得肯定的，湖石假山的出挑法、拱券法、抹角梁法等所谓章法，过于繁杂，也难展开，掇成后的评定标准也较模糊；如今的山体较易捉摸、较易评论，更易堆掇且无施工上的困难，省工省时。

假山本来就是人工的山，不可能巨大无比，这样的群山山脉足以形成宏大的气势，也完全可以在文化上满足“仁者乐山”的内涵，更符合“小中见大”的造景宗旨。另外，这一组假山值得一提的是将意境思维、写意手法直接体现在山峦之间，融入了文人意趣，这也是难能可贵的。如果在粉墙上题诗钤印，真可称是一幅写意山水！

随着工业技术的发展，山体开采、石材加工、交通运输的便利，景观上可应用的石材多种多样，提供了许多过去无法想象的景观元素，如果仔细研究，多方关注，景观上的创意应该是多方面的，是大有可为的。

另外，在绿化方面，十多年前上海等地盛行引种热带原产的加拿利海枣（*Phoenix canariensis*）、华盛顿棕榈（或称长叶刺葵、老人葵），（*Trachycarpus washingtonus*）等。有人认为这也是一种创意，如若这样，就把创意简单化了，因为把海枣引进到亚热带北缘，确实是前所未见的创举，但将这些大树直接种于绿地，不经驯化，是一种带有风险的植物学上的引种，不属于设计上的创意。

当前提出的群落式栽植方式，要求以乔木、灌木、地被植物进行植物配置，主旨是营造植物的层次及空间感觉，过去虽然也曾提倡以人工植物群落形式配置植物，但既不强调空间层次，也不强调三维空间上的绿量搭配，这种重视空间层次，注重“三维”绿量的配置形式，当属一种创意，这在人口密集地区更为需要。随着科技的进步，城市化进程的加快，城市景观已非农耕时代可比，必须有所前进，有所发展，才能与时代同步，才能适应社会的需要。这前进与发展就是创意。如果说传承是基本要求的话，创意则应该是锦上添花，应该成为新的特色。

我们知道，创意不一定都能成功，不一定都能达到理想的效果，不理想甚至是失败的创意会给创意者精神上带来一定的挫折和影响，但对整个园林景观事业来说，不论成败，都是一种经验的累积，都能为以后的创意提供参考。同样，传承造园造景的各种经验，也未必都是墨守成规，我国悠久的传统文化和造园技艺，丰富多彩的经验总结，正要我们继承和发展，有继承才能发展，有发展才会有新的创意。

创意与传承，正可谓是相辅相成的一对孪生姐妹。

5.4 创新景观文化，丰富视觉思维

苏州是人文荟萃之地。任何景观如果看过不给人留下任何印象，那么这一景观就是肤浅的。古典园林之所以历久弥新，就是因为富有文化内涵，也可以说是哲学上所谓的富有美的本质，如拙政园之名就有深厚的文化意义，其中许多景点也同样富有文化性。但是古典园林中的文化意义从实质来看是属于隐逸文化的范畴，对当时的造园主来说是心志的表白和心情的抒发，与世无争，虽然对社会没有负面影响，但也无助于社会的发展。当前，我国正处于急起直追的发展阶段，需要的是奋发进取，那些以个人内省为主旨的文化心态，不符合当今社会的意识形态。对此，景观文化方面也要有一定的反映。苏州工业园区中新路上一组无题的窗口雕塑就反映了园区作为苏州的窗口，（图12–6）撩开窗纱欢迎世界各地的客商前来参与发展的愿望。同样在路边一组儿童嬉戏的雕塑，虽无深刻的思想性，却也展示了新时期儿童天真活泼快乐生活的场景。

当然古典园林中的景点文化并不是全属隐逸文化中消沉的内容，但也有积极励志的内涵。如狮子林的立雪堂系从“程门立雪”典故而来，但也有人认为是从“慧可立雪”典故而来，虽有一些争议，但都是对矢志求学访师的坚定意志的描摹则是无可争议的；留园中“闻木樨香轩”取自禅宗公案（佛教故事），也有认真求学的一面。我们要学习的是这“闻木樨香”是对花香的描

摹，进而引申为花香随风飘动，花香所及空间随之而扩大，兼有小中见大的效果。[6]只要认真思考有所取舍，或跟随时代前进的脉搏，与时俱进地进行创新，那么这景点必然会受到欢迎。

⑥徐德嘉.古典园林植物配置[M].北京：中国环境科学出版社，1997：15.

随着城市生态的备受关注、重视，一种旨在增加单位面积空间绿叶量的绿化形式，也即是按三维空间尽量增加绿化量的配置形式，是当前生态的需要，是城市环境改善的需要。对这种绿化形式的总结、歌颂、撰文吟诗，就是当今城市的精神所在，也是在文化上的体现。因此，直接称其为生态文化，应该是适时的，用生态文化来体现时代特点，也应该是会被时代采纳的！城市环境如果能切实地按生态要求建设，那么这环境的视觉效果必然是良好的，也将是耐人寻味和发人深省的。

对景观的生态性一方面要参照景观生态学的概念，从空间结构、生态过程，以及人类活动对生态系统的影响这一角度进行充分关注；另一方面，要像古典园林中重视文化内涵那样，把生态功能渗入到景观之中，但这不一定都要用题额、撰文等予以点明，只要内涵是存在着生态价值的都应肯定。如果进一步点明其生态价值，由此而形成一种理念：造景必须与生态的优化相结合，必须关注景观的生态内涵，久而久之便自成体系地成为一种文化现象。

文化是人类社会在历史实践中创造的物质财富和精神财富的总和，是人类生产方式、生活方式和精神生活在文明的发展进程中留下的记录，标志着文明发展的水平。当今科技已发展到关注生态的优化，关注人类生活与生态环境间的相互影响，用文化来诠释景观的生态意义，这将是适应时代、顺应民心的，城市也因此才能可持续发展。

这种文化现象可以称之为生态文化！

下篇

苏州是历史名城，城内的古典园林闻名遐迩！

园林造景的最高境界在于模拟名山大川，将山林真景微缩在有限的空间内，同时又要求不失为自然山水的意境。这就要求掌握好空间的比例、尺度关系，以及视觉心理之间的等比关系。

苏州新景观在不同程度上传承了苏州园林造景的精华，根据现代城市空间的扩大，人们生活节奏的加快，以及现代生活的需求，一方面，将原来传统的城市面貌、空间形态予以放大；另一方面又吸取外来理念，创建新的城市景观，创建富有地方特色、地方风格的新景观。

作为苏州新景观中最具代表性的区域，环金鸡湖区域展示了国际标准的景观设计。

第6章　环金鸡湖区域

环金鸡湖区域是苏州工业园区的城市核心区域，也是未来苏州都市区、中央商务区（CBD）的所在，其重要的地理位置决定了金鸡湖将具有重要的功能和景观系统。

环金鸡湖景观既具备了许多重要的城市功能，诸如城市空间的升华、组织交通、建筑功能的多样性等；更发挥了重要的景观作用，改善了城市生态环境，围绕大水面造景，体现了水乡、鱼米之乡、“人家尽枕河”的风貌，体现了江南柔情如水的景观特色！

6.1 城市空间的升华

规划将金鸡湖作为苏州工业园区中心，东、西商务中轴会于金鸡湖周边。作为未来苏州都市区的商务中心，湖西商务区建筑群自西向东逐渐向高空拔起；而湖东行政商务区建筑群也沿轴线自东向西逐渐攀升。两区隔湖相望，在金鸡湖面得到了空间的升华。尽管楼层较高，但因有7.2km^{2}的湖面横亘中央，所以景观良好，并无郁闭之感（图6－1、图6－2）。

图6－1 环金鸡湖周边建筑鸟瞰图（从湖滨向西看）

图6－2 东侧鸟瞰图

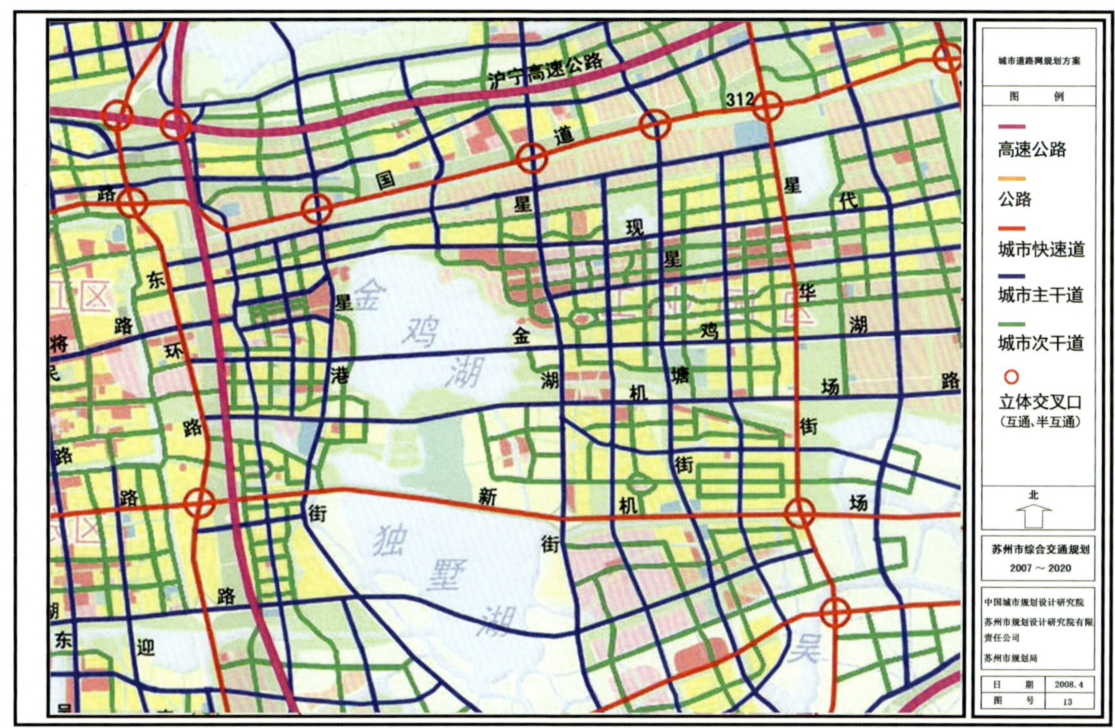

图6－3　环金鸡湖区道路交通图（来源：中国城市规划设计研究院、苏州市规划设计研究院有限责任公司、苏州市规划局的"苏州市综合交通规划"）

6.2 组织交通

金鸡湖将工业园区分隔为湖西、湖东两个部分，由于湖西、湖东商务中心路网密集分布，湖面成为天然的屏障。规划通过南、北、中三条不同路径，将城市精髓全面展现眼前：北面现代大道通过横跨湖面的金鸡湖大桥东西相连；南面金鸡湖大道（原机场路）临湖而过；中间金鸡湖路向东延伸，从湖底穿越（规划待建）（图6－3）。

6.3 建筑功能的多样性

沿金鸡湖区域除中央商务建筑外，周围还有居住建筑、商业建筑、文化建筑等。这些建筑在规划之初就被融入金鸡湖体系统一考虑，因此金鸡湖沿湖景观让各种人群在工作生活之余有一个

图6－4 从玲珑湾南望金鸡湖，显示宽阔的湖面及高层建筑

图6－5 从金鸡湖西南眺望金鸡湖大桥及众多高层建筑

图6－6 入晚的金鸡湖

图6－7 南眺宽阔的金鸡湖

图6－8 参差错落的建筑天际线、亲水木平台和草地

图6－9 西望湖滨大道铺装广场及看台

休闲、交流的大舞台（图6－4～图6－6）。

鉴于多方面因素的综合考虑，规划将金鸡湖沿线全线贯通，集市民的休闲、娱乐、商业、文化、聚会、水上运动等各项活动于一体，使金鸡湖成为真正意义上的城市湖泊公园。在其周边，无论建筑、道路、水体、绿地等，都是金鸡湖景观的组成部分。这些元素在同一个空间存在，形成不可分割的整体。

沿金鸡湖岸线设置多个景区，分别赋予不同的功能和特点，并通过绿地将步行系统连接为一体。景区分别是：城市广场、湖滨大道、水巷邻里、李公堤、文化水廊、玲珑湾、波心岛（图6－7～图6－9）。沿湖景区更向四周的地块辐射，将景观和四周的建筑融合起来。尽管在十几年的实施过程中，对局部景区进行了微调细化，但金鸡湖为全体市民共有的宗旨不变。其中，调整细化部分为：湖滨大道增加风之园景区，水巷邻里增加李公堤特色水街，波心岛分为两岛——桃花岛和玲珑岛。

6.4 主要景点

环金鸡湖区域除交通、商业、居住等城市功能外，突出地表现在以天然大水面为中心的湖泊景观，在这大范围中又细分为以下几个重要景点。

6.4.1 城市广场

城市广场位于城市东西主轴线上，与中央商务区相呼应，旨在塑造一个都市中心的大型滨水空间，以商业、写字楼复合使用为主，并将户外开放空间与水边的公园及散步道连接起来。广场前水面设置大型水幕喷泉，在周末及节假日的夜晚，能同时容纳上万人观赏水幕电影。广场南北两侧分别以商业建筑和入水长廊围合，前来享受美景的市民有效地带动了商业氛围，而红火的商业也成为城市广场亮丽的一景。入水长廊从西侧城市主干道（星港街）向东笔直延伸至湖边，区别于苏州古典长廊的曲折。入水长廊，在于竖向的起伏和环绕在其周围的亲水空间，既体现了现代景观的气魄，又不乏空间的变化，为市民提供了戏水、休闲、集会的好去处（图6－10～图6－12）。

图6－10 笔直的入水长廊另有一番壮观氛围

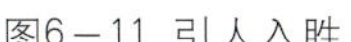

图6－11 引人入胜

图6－12 长廊散步

图6－13 尽赏湖景

图6－14 疏林草地、游步道及滨湖湿地

图6－15 湖滨大道之一角

图6－16 湖滨大道面面观

6.4.2 湖滨大道

湖滨大道是城市广场的南延，坐落于金鸡湖西侧，是为金鸡湖西岸高密度住宅区所设置的大型亲水公园。宽敞的走道与带状绿地并行设置，为居民提供了良好的散步去处（图6－13～图6－16）。设计通过整体地形向湖面微倾的空间处理手法，创造出三类远近不一的观湖平台：①临湖步道平台——紧靠水面展开，无视线遮挡物，可观赏金鸡湖全景，沿线设置座凳和文化雕塑小品，局部设有入水台阶，以达到最大限度的亲水性；②树荫观湖平台——高于临湖步道约1m，沿河整齐种植高大乔木，树下设置座凳并以灌木围合成多个惬意的小空间，是夏日观湖的首选；③草坡休闲平台——大面积的草坪绿地向湖面敞开，透过行道树观赏湖面，更增添了空间层次感。这种三线并行的处理手法与湖面的开敞形成了统一，强调了带状绿地的延伸感，与城市广场的平面形成对比和变化。

6.4.3 风之园

风之园为湖滨大道二期的一个景点，位于金鸡湖的西南端，总体设计上采取了线性的穿插，园路与绿地、绿地与水面、水面与绿地相互交叉、围合，交点位置自然形成了小型广场，广场中铺地十分活泼，并有戏水池、沙池、旱汀步等设置。由木栈道可向东突出湖面数百米，又用木栈道围合成水上游戏区，可观湖，可凭栏领略经湖面而来的东南风。这里还特地设计了风车、游步道等，成为孩子们的天地（图6－17～图6－26）。

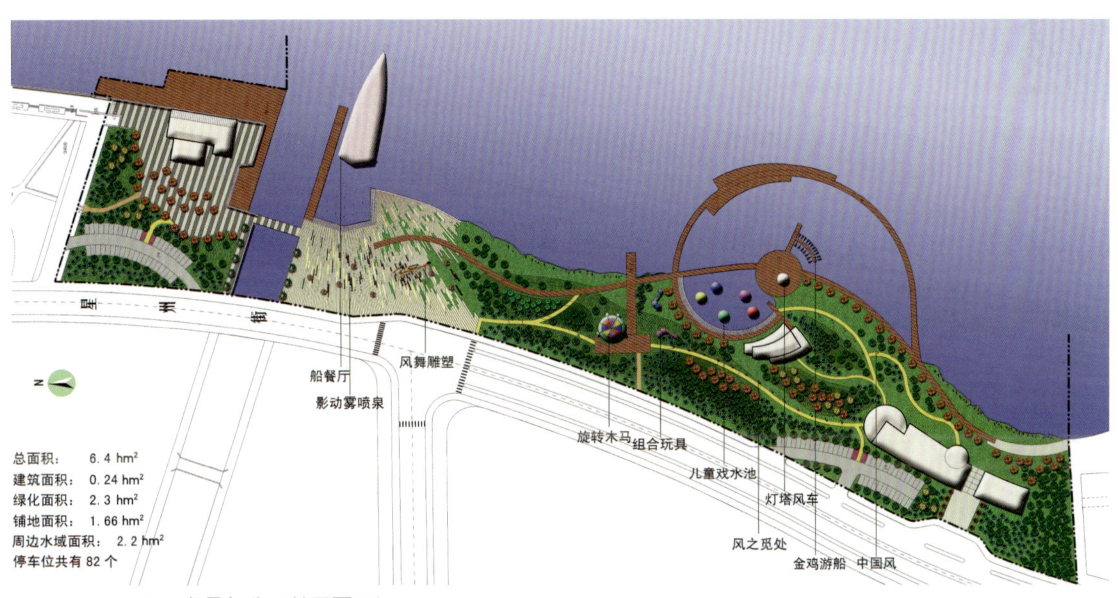

图6－17 风之园之湖景部分（总平面图）

图6－18 出挑湖面之木拱桥

图6－19 水上步行桥

图6－20 旱汀步全景

图6－22 由木栈道围合成的水上游乐区

图6－21 旱汀步近景

图6－24 荷兰式风车近景

图6－23 凉亭

图6－25 广场铺地

图6－26 草坪中的人行小路

6.4.4 李公堤

李公堤是清末光绪年间元和县（当时苏州府下辖长州、吴县、元和三县）县令李超琼所建，故名。原系人行堤岸，现已扩大并建有拱桥多座，其中有一座十二孔的大拱桥，超越了古城区所有的古桥，堤岸更扩大并建有许多店铺，为幽静的湖面平添了几许喧闹，成为集高端特色餐饮、娱乐、观光、休闲、文化于一体的国际风情商业水街。其中从景观方面分析，李公堤的兴建对

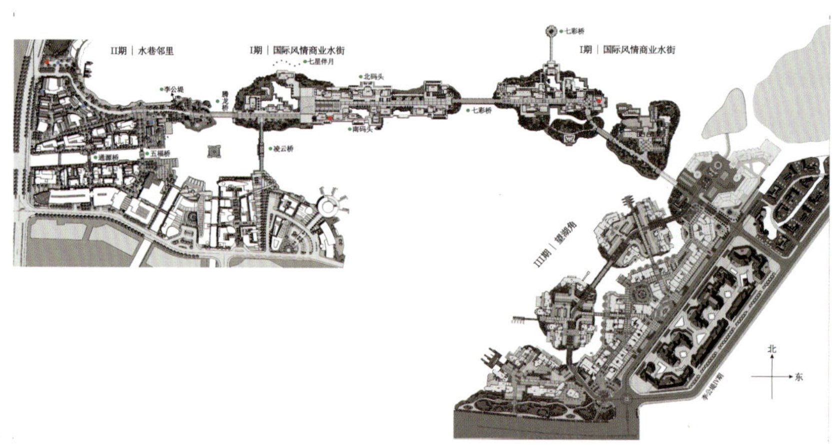

图6－27 李公堤总平面

图6－28 灯光水色相互辉映

图6－29 入夜街景

图6－30 曲桥亭廊

图6－31 三孔桥及重檐亭

图6－32 灯下夜景

图6－33　李公堤夜景近景

图6－34 草坪茵茵，波光粼粼

图6－35 夜阑人静、灯光明亮

丰富金鸡湖的湖景，对充实水巷邻里、文化水廊的商业氛围都是有益的。对城市湖泊而言，有此风情商业长堤也使其别开生面地成为园区一绝（图6－27～图6－38）。

1. 丰富湖景

李公堤的兴建，把金鸡湖分隔成了两个大小不等的空间，无论从湖的北侧或南侧瞭望，觉得湖面更宽阔；从堤上东望桃花岛与另一玲珑岛，更觉遥远难以企及，人的视觉由此而得到了扩大。而从湖岸上遥望李公堤，只见鳞次栉比的房屋、高低错落的桥梁、曲折有序的道路，路旁有四时不绝的花草树木、起伏跌宕的河岸，还有商场、酒吧、歌厅、餐馆等，入夜灯红酒绿，将静谧的湖景装点得一派繁华。

图6–36 李公堤中观湖长堤及重檐亭

图6－37 李公堤中不同形式的湖岸

图6－38 李公堤中滨水湖岸之仿园林式样

2. 堤岸桥景

面对宽阔的湖面，游人莫不希望俯身探水，于是，设计师将驳岸、堤边做成高低起伏状，低处向岸侧延伸倾斜，或为缓坡草坪，或为多级台阶。浅水位时可以下到水边嬉戏探水，一旦水位高涨，也可及时后退，涨落咸宜，景观多样。高处与地面齐平，用石材平铺。

桥景也是多种多样。除十二孔桥外尚有廊桥为古城所无，有下沉或汀步桥，也有做工精细、石材光滑挺拔的曲桥，式样多变，空间广阔，使短短1.5km的堤岸因桥梁的兴建而显得漫长多姿。但也有人认为这十二孔大桥和廊桥，既非市内桥梁的沿袭，不能算是传统古桥，也与周边高楼和现代风格的建筑格格不入，很不协调。不过在现代建筑旁加一点传统的元素，也算是古今融合、别具一格。值得注意的是拱桥的拱券都很轻柔，没有传统拱桥拱券那么厚重，这也是现代建筑材料发展后拱券承重部分都用钢筋混凝土的结果。

许多细部都对完善景观起着很大的作用。例如桥栏杆的石柱有的是狮子头，有的是平头，铺地材料有石材、砖材，有平缝、席纹，草地中还有瓦片铺成半圆纹或中间缀花等，丰富了视觉效果。建筑外立面对景观也有很大影响。仅以山墙为例，有的是白墙，有的在山尖处加贴面，有的博风用传统的木板，有的则用硬山水泥加白涂料锁边等。

图6－39 科文中心影剧场及全景

图6－40 科文中心室外装饰——圆孔景墙、水池

图6－41 灯光明亮的科文中心外景近景

图6－42 科文中心旁的集散小广场

图6－43 科文中心旁的喷泉

3. 突出了现代休闲、商业等大小不一、体量各异的空间

在灯光建筑及桥梁、大体量水景的烘托下，自成风格地成为园区的一处全新的景观，将商业与自然景观融合成一体。

6.4.5 文化水廊

文化水廊位于金鸡湖东北岸，是综合公共艺术与文化设施社区。具有多样的大型文化教育设施及一系列开放的花园和散步道。现已建成的科技文化中心是金鸡湖中最独特的景观元素，在这里已成功地举办了2007年金鸡百花奖的颁奖仪式，这里将成为整个苏州的影视音乐文化圣殿，国际性的音乐剧等都曾在这里上演（图6－39～图6－43）。

6.4.6 玲珑湾

玲珑湾座落于金鸡湖的北区，穿行于金鸡湖大桥下形成水湾，与科文中心相连，由一系列的公园、散步道和大片草地所组成，是邻近住宅、社区各类活动及节庆典礼的开放空间系统。在空间规划中，着重考虑与其相邻的城市主干道（现代大道）的观湖面。大片的草坪和间隔的几何堆坡是道路与湖面的变换空间。行走在道路上的人群、车辆能直接观赏湖面美景，并可便捷地到达湖边，由此拉近了城市与湖的距离。

玲珑湾是金鸡湖景观中唯一一处以湿地为主的区域。为保证湿地植物的成活，玲珑湾沿线设置两层驳岸：第一层驳岸高度在

图6－44　玲珑湾木栈道（一）

图6－45　玲珑湾木栈道（二）

金鸡湖常水位以下，上面放置石块压顶形成自然驳岸；第二层驳岸高于常水位，处于行走的木栈道下。两层驳岸间覆土种植水生植物。这样的做法不仅有效地创造了湿地的效果，也给临水的木栈道一个安全的浅水区（图6－44、图6－45）。

6.4.7 桃花岛、玲珑岛

桃花岛和玲珑岛是金鸡湖中人工堆成的小岛。桃花岛位于湖的东南，面积较大；玲珑岛位于东北，面积略小。两个小岛的堆垒避免了湖面过于平淡，同时丰富空间层次，与李公堤相映成趣，也给平静的湖面增添了活动空间。岛上均有丰富的植物景观和休闲设施，桃花岛上更建有重檐楼阁式茶楼，周边尚有湿地景观、涉水步道，供游人戏水（图6－46～图6－59）。

图6－46 远望桃花岛上重檐式茶楼

图6－47 丛林中的游步道开阔大气

图6－48 桃花岛上的楼阁式茶楼

图6－49 湿地景观与森林景观融为一体

图6－50 桃花岛上的游步道——处处可通向大湖

图6－51　桃花岛之春色，桃花开放之时枫叶也独具姿色，似与桃花争艳

图6－52 亭者停也，在游步道走累后也可在亭中小休

图6－53 以楼阁为对景的涉水游步道

图6－54 从北侧远望金鸡湖

图6－55 桃花岛上的涉水步道，为人们亲水、戏水提供了安全可靠的场地

图6－56 桃花岛上的公共卫生间（北立面）

图6－57 桃花岛上的公共卫生间（东立面）

图6－58 游船在望

图6－59 桃花岛周边的湿地景观

第7章 环古城风貌保护带

苏州古城历史悠久，五代十国后梁龙德二年（922年），由吴越王钱镠重修城墙，改用砖砌，高二丈四尺，厚二丈五尺，内外均凿深壕，即今之护城河，至今也已一千多年了。由于城址未变，城外的护城河尚能环通，将其整治保护，是利国利民的好事，日后有望成为世界历史文化遗产。2002年开始进行整治维修，至今已可乘游船环城一周，睹古城之风采。

古城风貌主要是指阊门、胥门、娄门、盘门、葑门、齐门、相门及民国时期开辟的金门与平门等九大城门内的街区、住宅及沿城墙周围的护城河。其中金门与阊门外已成为繁华的商业区，平门是通往火车站的必由之路，胥门历史上就比较繁华，只有盘门和葑门开发较迟，原有风貌基本较少变动，有“冷水盘门”之称，但在改革开放发展工业后，也迅速崛起。由于原城门大多拆除，鉴于此，市政府提出按历史风貌予以保护。首先，对尚保留的盘门、金门加以维修。盘门已开辟为独立景区，保留了原瓮城、藏兵洞、套城及明代维修后至今完好的石拱桥、瑞光塔（20世纪80年代维修）等三大古迹。上海同济大学陈从周教授曾说：“北登长城，南看盘门。”盘门景区堪与长城媲美。

葑门也是历史较为古老的一座城门，城门外地区原盛产水生蔬菜，现已辟为工业园区，金鸡湖、独墅湖两大淡水湖泊周边建成了极具现代风貌的住宅、办公、商业及高教事业等现代工业文化区。葑门城门、城楼已毁损，现在原址重建了一座象征性的城楼，著名的觅渡古桥则被保护了起来，在其旁边另建了一座车行大桥。雕塑“呼渡”即是呼应桥名而建，传承了历史风貌。

整个环古城风貌保护工程设计了48个景点（图7－1）。这些景点文化气息浓郁，内涵深厚。其中“旧城堞影”虽仅限于原盘门的一小段，却可引发人们无限遐想。“觅渡揽月”（见亭、碑）即觅渡桥的风光（图7－2、图7－3）[①]。“沧浪古道”是指宫

①元大德年间僧人敬修因念及渡河之困难，发誓化缘募捐以资建桥，桥建成后命名为“灭渡”桥，意即消灭摆渡方便群众。但考虑“灭”字欠雅，故改称觅渡桥。

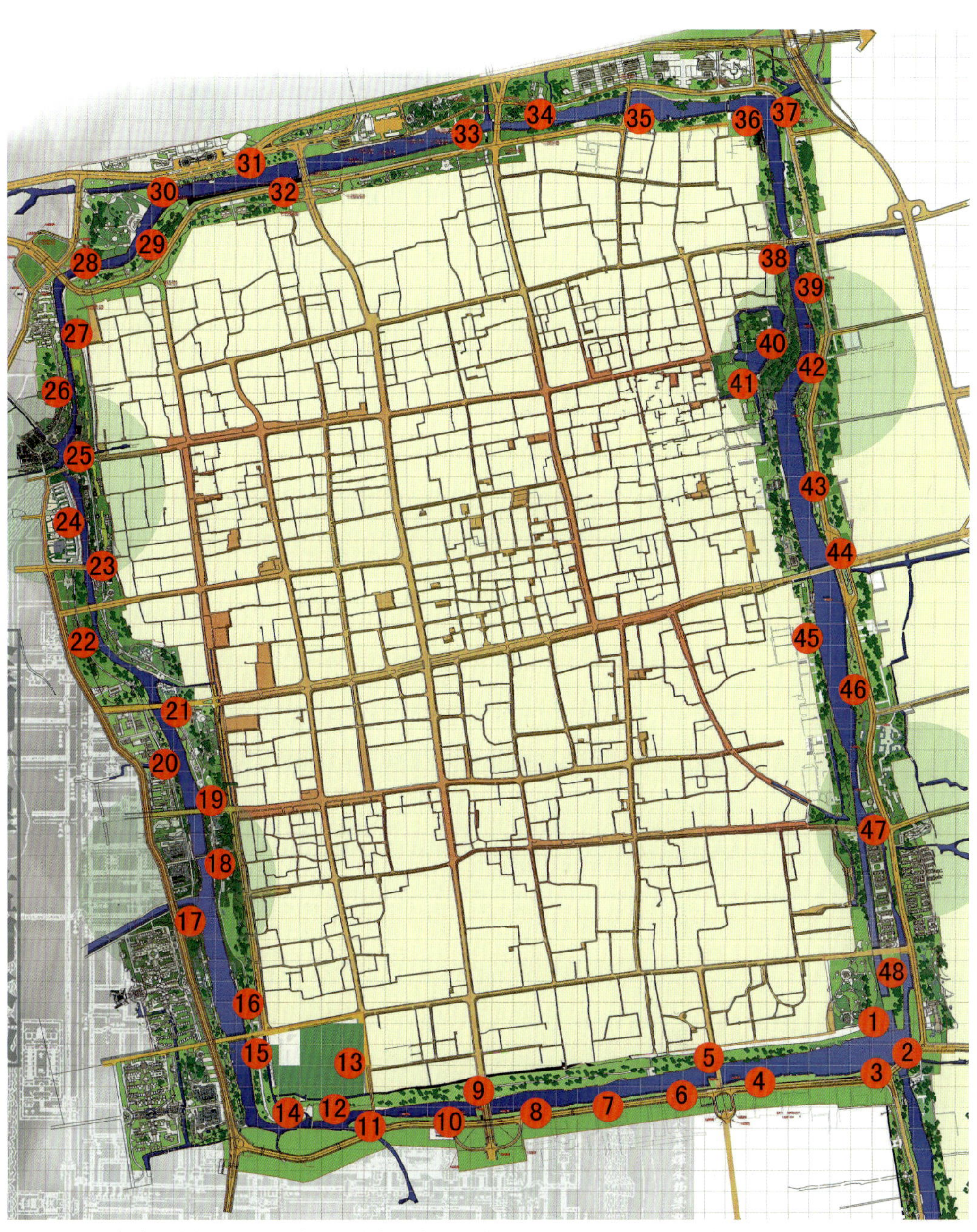

图7－1　环古城风貌保护工程四十八景分布示意图（来源：苏州园林设计院提供）

1 旧城堞影　2 觅渡览月　3 长亭晚照　4 菰蒲花洲　5 蛇门迎辉　6 翠台英华　7 沧浪古道　8 驿台吴韵
9 南门春晓　10 风篁清听　11 重桥落霞　12 象天法地　13 瑞光呈祥　14 龙蟠水陆　15 古木清风　16 芦荻映月
17 皇亭圣迹　18 姑胥拥翠　19 故垣夕照　20 日辉映波　21 剑园古韵　22 竹径引胜　23 金门流辉　24 锦绣南浩
25 气通阊阖　26 古津帆影　27 西城烟树　28 绿滩云霞　29 曲溪红林　30 竹屿分水　31 梅园迎客　32 水城塔影
33 齐水涵碧　34 东汇松涛　35 绿天小隐　36 北园鹭影　37 糖坊柳障　38 江海扬华　39 淡烟疏雨　40 东园涟漪
41 耦园箫声　42 映水兰香　43 长桥映波　44 匠门清晓　45 杏坛芬芳　46 烟霞浩渺　47 溪流清映　48 水绿双环

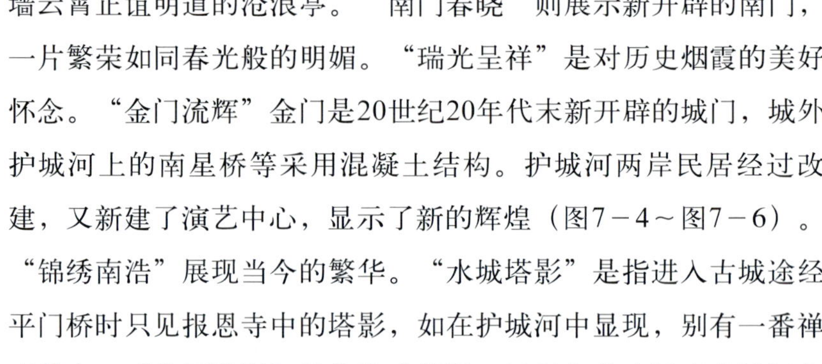

墙云霄正谊明道的沧浪亭。“南门春晓”则展示新开辟的南门，一片繁荣如同春光般的明媚。“瑞光呈祥”是对历史烟霞的美好怀念。“金门流辉”金门是20世纪20年代末新开辟的城门，城外护城河上的南星桥等采用混凝土结构。护城河两岸民居经过改建，又新建了演艺中心，显示了新的辉煌（图7－4～图7－6）。“锦绣南浩”展现当今的繁华。“水城塔影”是指进入古城途经平门桥时只见报恩寺中的塔影，如在护城河中显现，别有一番禅意梵音。“北国鹭影”需作约略解释：1958年前古城南北城门之内，均辟有粮田菜畦，以备不时之需，因此会有鹭鸟留影，辟此景点也是一种怀念，一种思旧。“烟霞浩渺”指工业园区金鸡湖的浩渺水面，把古城区与工业园区作了自然的联系。“耦园艪

图7－2 觅渡古桥

图7－3 老僧化缘为灭渡

图7－4 从南星桥上隔护城河看整齐的民居

图7－5 演艺中心入口大门

图7－6 演艺中心侧立面

图7－7 从城的东北侧西望新修整的葑门塘河及城墙、城楼

图7－8 觅渡揽月亭及碑

图7－9 河边围栏的石狮子

图7－10 人民桥下，将桥墩做成整体墙式基桩并加浮雕

图7－11 桥下休息凉亭中雕塑了三位穿着清式服装的人物

声”是指内城河有耦园，耦园中有“听艪楼”一景。“长桥映波”则系宝带桥有53桥洞，古代对此认为此桥已是长不可比，映照在澹台，湖上景色宜人。

如若登船作环城游，则可领略古城的全貌。在胥门万年桥周边可见到原世界历史文化遗产会议场馆（今改为城市规划展示馆），局部城楼、城墙；盘门外可见到建于明代的大型石拱桥、瑞光塔；葑门外可见到城楼；相门外可见到干将路与莫邪路等古迹，平门外可见到桥廊；阊门在繁华中隐约可见新恢复的城门、城楼等。整个环河游需3个多小时（图7－7～图7－13）。

图7－12 南门绿化带

南门人民桥是20世纪50年代初新开南门后，在护城河上新建的沟通南门外的桥梁（图7－14）。随着交通功能的提升，原有桥梁改建成人行道上有廊檐的梁式桥，与北面平门桥遥相呼应。

图7－13 护城河一瞥

民国时期新开平门，沟通城北火车站后，当时的护龙街（人民路）随之从北寺塔向北延伸，可直达火车站。护城河上原有桥梁改建成了新的平门桥，并已改建成人行道上有重檐围护的廊桥，桥中汽车通行部分则无廊檐，护栏为石材。这一形式与广西三江侗族的廊桥不同，是将廊檐建在人行道上（图7－15）。

报恩古寺相传为三国时期吴国孙权为报母恩而建，寺中有一

图7－14 南门人民桥

图7－16 报恩古寺门前石牌坊

图7－15 气势磅礴的平门桥

②姑苏晚报2010.7.12[N]夜游诗。诗中最后一字原稿为"量"，今改为"云"。特此说明。

座九级古塔，高达76m，是南宋绍兴年间重建的，至今也已一千余年。因塔在城北，习称北寺塔。今从环古城风貌保护带中，无论在城的东侧或西侧均可眺望此古塔（图7－16、图7－17）。

苏州市规划展示馆是2003年为迎接联合国教科文组织在苏州召开28届世界文化遗产大会，而特别建造的会场场馆。大会后便作为苏州市规划的展示场馆（图7－18～图7－20）。

规划展示是城市建设，城市人民工作、生活、学习的一件大事，规划合宜与否对市民影响重大。市委市政府将此场馆改成规划展示馆，反映了政府以人为本的理念和尊重城市人民意见的亲民思想，是为便于市民对规划提出意见而设置的。

现特援引李剑鹏先生诗一首为之传颂[②]

灯波脉脉依古城，
烟柳云桥雾锁亭。
千载江枫催碎月，
一川愁梦逐流云。

图7－17 北寺塔

图7－18 苏州市规划展示馆

图7－19 规划展示馆之正立面及门前盘龙石细

图7－20 围墙上的砖细浮雕

第8章　道路景观

道路是城市的第一印象，是交通要素，也是对外展示的窗口，有人曾将道路喻为人的血管，形象地指出了道路的重要性。在这重要的交通线上造景，可以想象其意义之深远。道路景观通常分为功能性景观和生态视觉性景观。功能性景观是指对行人、车辆和两旁建筑起防护、安全、遮荫、防风、减少尾气等作用的景观，如行道树、林带、机非隔离带、分车绿岛等。生态视觉性景观则主要是指路边的防护林带、休息性座椅、垃圾箱、消防设施、雕塑小品等。

对城市干道而言，由于车行速度快，景物的尺度须相应加长，也就是更换不宜频繁，才能使车内人员体会到韵律变化和节奏感，景物变化不宜过多。其次，与建筑立面间的关系要重视相互协调，避免突兀感，例如在一幢现代建筑的旁边设计一座古代名人的雕塑，就觉得不够协调。如果空间允许，最好的路边景观还是绿化，用植物造景既能协调不同风格的建筑与道路间的关系，还具有良好的生态效益。

2007年实施的《上海市绿化条例》规定：“新建地面主干道红线内的绿地面积，不得低于道路用地总面积的20%；新建其他地面道路红线内的绿地面积，不得低于道路用地总面积的15%。”苏州市新建的道路正按或超过这一规定在实施。

作为城市的带状绿地，在重点地段尚须留有较大的公共空间，供行人疏散、活动之用。最常见的是在道路功能转换点，如商业区与居住区间能留有活动空间，即通常所说的街头小游园、城市小广场等缓冲用地。

8.1 现代大道——工业园区的带状公园

现代大道自西往东横贯苏州工业园区，是通往沪宁高速公路的主干道，全长18km，路幅80～120m，双向6～8车道（道路交叉口为8车道），呈四块板形式。道路两侧各预留将近30m的绿化带，连同机动车道与非机动车道3m左右的隔离带和7m左右的中央隔离带，共计约有70m的绿化带（图8－1，图中尺寸不同路段略有差异）。

绿地中营造人工林带，作为隔声、防尘之用。人工林采用绿量丰富的复层群落式结构，配植了单轴生长方式的裸子植物如水杉、中山杉等，这些高大乔木位居林带的最上层，中层是冠大荫浓的常绿树香樟、广玉兰等，芬芳馥郁的桂花、红艳多姿的樱花、碧

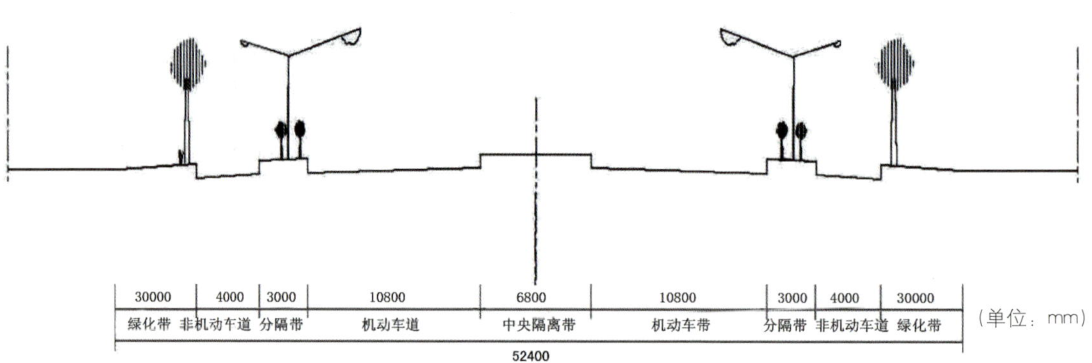

图8－1 现代大道断面图

图8－2 现代大道在工业园区的地理位置及通过的不同用地类型

桃、海棠、含笑、栀子等配置在林带的中下层。隙地之中更有草皮镶嵌。这些乔灌木使林带色彩丰富，春季繁华如锦，夏日浓荫如盖，暑意渐消，桂花馥郁中迎来了秋的信息，紧接着便是银杏、枫香使层林尽染，入冬则蜡梅幽香、浓丽山茶、秀雅茶梅各领风骚。人行道平整坦荡如同蜿蜒的园路，相隔1500～2000m更有形式各异的休息广场，可供行人小憩其间。小广场上有形状各异的现代雕塑小品，还能见到一处犹如从园林中搬来的假山，山体嶙峋，峰峦俱全。更有一方形地块用当地特有的王道砖按清代皇帝巡游时铺设御

图8－3 一组昆虫浮雕——多可怕的蜥蜴

图8－4 可以起舞

图8－5 让我们一起来玩

图8－6 人行道与慢车道之间有绿化带

道的形式，铺成席纹图样，在现代风格中添加进丝丝古意。最为显眼的是用黑色大理石造成的一方水池，莹莹碧水被阳光照射得人影可鉴。这里的绿地和遮荫林带，绿量丰富，景观宜人，甚至超过了普通的园林，因而特称之为带状公园。也有人从建筑空间的角度分析这里的景观，称之为“线性公园。”①

全路自西向东经历了住宅、商贸、行政、工业区等不同的区段，相应地形成了不同的风格，湖西中高档住宅区段，因沿路住宅小区都从道路红线后退20m左右，都配置了绿化，因此该段绿量

① 许可．城市的线性公园建筑与文化[J]．中国建筑文化研究会会刊，2007(2)．

图8－7 人行道铺装

图8－8 小广场

图8－9 樱花丛中看高楼

图8－11 现代大道中机动车分隔带，如同园林中的花境

图8－10 覆盖严密的路边绿化

图8－12 城市公共空间——路边小广场

图8－13 路边绿化及小广场

更显丰富；从大桥往东到星华街段，绿化带加宽到110m以上，绿量因而增加，衬托了路南侧的园区行政中心等高大建筑，凸显壮阔的气势；往东有工业区，除绿化外，添加了一些雕塑；向东进入了青秋浦大桥区段，紧接着是沪宁高速收费站。绿化带从100m放宽到300m左右，显现了开阔顺畅的交通功能（图8－2～图8－27）。

图8－14 居住小区旁道路绿化（一）

图8－15 居住小区旁道路绿化（二）

图8－16 居住小区前的路景

图8－17 行人回旋地及小广场

图8－18 银装素裹

图8－19 形式多样的路边椅及小广场

图8－20 科文中心前的停车场与绿化

图8－21 舒服的座椅

图8－22 别具一格的座凳

图8－23 多种多样的遮荫凉棚（现代大道路幅较宽，设置了一些别具一格的路边凉亭，大多与树木交替设置）

图8－24　绿草如茵（图示是用杜鹃（*Rhododendron mucronatum*）代替草坪，以利春季赏花）

图8－25　古典与现代融汇一体——现代大道带状公园中山石景观，树丛下草坪依稀，雕塑耸立

图8－26　古典与现代融汇一体——现代大道带状公园中由太湖石围合成的水池

图8－27 路边喷泉

8.2 干将路

干将路是苏州古城区联系东面工业园区、西侧高新区的交通主干道。1993～1994年拓宽时使铁瓶巷、镇抚司前、濂溪坊等33条小街巷化为乌有。原有小街巷后面均有小河贯通，即所谓“人家尽枕河”的河路并列的双棋盘格式。这次拓宽道路时为延续古城风貌，所以保留了这一特色，形成小河在中间，两侧是车行道和人行道的少有街景（图8－28），国内少见。

从20世纪90年代中建成通车以来，十余年中由于城市迅速发展，干将路的交通流量日增，但仍难满足发展的需要，因此现已建造轨道交通，以适应形势发展的需要。从景观方面说：非常有特点的是小河两旁的绿化带，河两旁的悬垂灌木，覆盖了整个驳岸的石材，春日迎春最早绽放，接着是金钟、黄馨、月季等鲜花次第开放。绿带中自春至秋鲜花常开，最为突出的是按盆景式整形的罗汉松、五针松、三角枫等，如同一处处点缀的桩景，分列在河边、小桥畔，使古城平添了丝丝传统风貌。石拱桥、石板桥又使现代城市干道融入水乡情调。在中段最繁华的宫巷南口，建有石牌坊一座，上书“勾吴神冶”四字，成为传承历史的见证（图8－29）。

由于干将路是在密集的居住区中，动迁了8000余户民居涉及2万多人的小街巷拓宽而成，所以路幅不能均等，总宽度40～50m左右，全长7.4km。由于车流量极大，快慢车道间不能再用绿带分

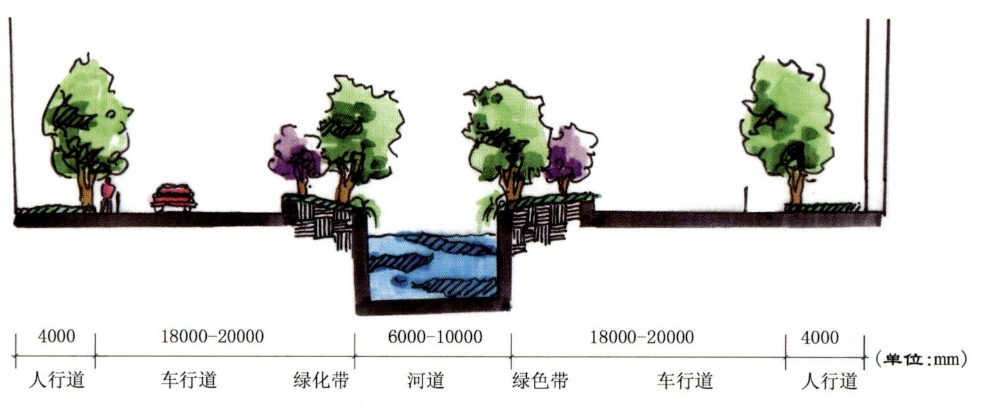

图8－28 干将路标准断面图

图8－29 宫巷口牌坊照

图8－30 石拱桥传承了古意（凯莱大酒店前）

隔，只能用铁栏杆自由分隔。同时，为保证古城风貌，两旁建筑不能超过6层，以与周边平房协调。

宫巷口牌坊重檐起翘、四柱落地，上题“勾吴神冶”四字，展现了苏州悠久的历史。“勾吴”是商末（约公元前600年）西岐一带周族的泰伯仲雍南迁江南后，与当地土著结合共建的政权，“勾吴神冶”即显示了建城初的宏丽如同神助。该牌坊是古城区1994年改建干将路后新建的。

石拱桥是传统，凯莱大酒店前的石拱桥桥景给人一种古老的记忆，也是与附近钢筋水泥平桥的一种对比（图8－30）！

干将路上的相关路、桥、灯景如图8－31～图8－34所示。

图8－31 下沉式干将路通过乐桥

图8－32 为纪念孔子72弟子之一的言偃而建的清代言桥

图8－33 干将路路景

图8－34 干将路乐桥段的夜景，河岸两边布满彩灯

8.3 星湖街

星湖街是苏州工业园区中部南北走向的一条次干道，北起苏虹路，南至独墅湖大道。全长6.2km，宽50m，双向6车道，中有绿化带分隔，绿化带宽4～6m（依路幅而有宽窄），人行道两侧各5m（局部4m）。全路分北、中、南三个不同的景观路段，自苏虹路向南至现代大道，路西有小河傍路而行，对岸为商业用地，行人尚稀，为了充分利用水景，故设置亲水平台，便于行人驻足休息。自现代大道向南至旺墩路，仅2km左右，是园区的行政区段，建筑庄重、恢弘，故景观随之以规则大方为特色。旺墩路向

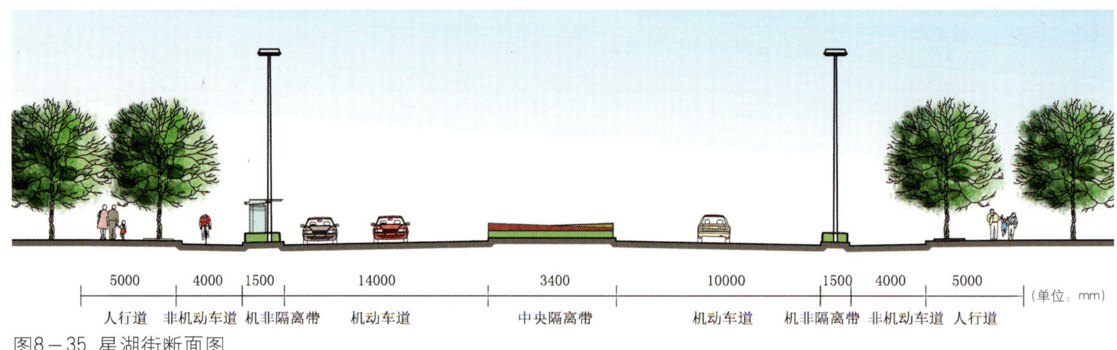

图8－35 星湖街断面图

图8－36 分为南、中、北3个景观路段

南至老机场路，是中密度住宅区，人流量较大，故设置了相应的休息设施，如座椅、铺装，并预留小体量空隙，设置了街旁小绿地，附近居民可去绿地中活动、晨练等（图8－35、图8－36）。

星湖街中央绿化隔离带上的侧石，不同于一般道路上的侧石，较一般要高，兼具花坛围栏之用，且都有边框。

8.4 斜塘河

河道对苏州来说是十分重要的交通元素，“人家尽枕河”说明苏州自古即与河道有紧密的联系。建立在河道两岸的民居开合变化，空间尺度不大。两岸驳岸形式也以直立石砌为主，间隔性地设置石阶以利取水或船只停靠上下之用。

在新的城市空间中，河道两岸的景观发生了较大变化，不再是单一的民居、石砌的驳岸，代之而起的是绿化、雕塑、草坪等，间隔一定距离后再设码头和踏步。因此，重视两岸的对比或呼应，使其互为联系和展开，有时也有出挑河面的游步道和象征性的灯塔。正因为两岸以绿地为主，所以也和道路一样，成为又一带状公园。

斜塘河景观带位于苏州工业园区南面，西与金鸡湖相连，东与吴淞江相接，全长4km。斜塘河沿途穿越了城市居住用地和工业用地两大不同性质地块，其中还包括一个特殊地块——斜塘古镇。设计力图用现代的城市理念和新的设计手法诠释传统斜塘古

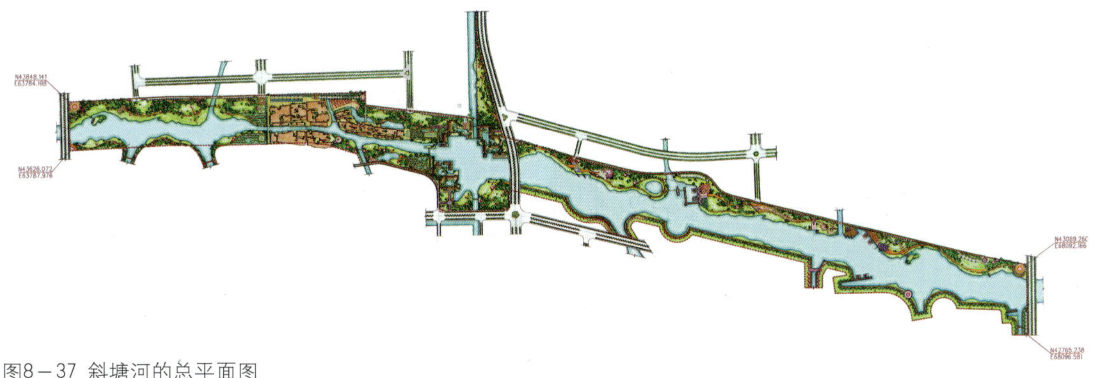

图8－37 斜塘河的总平面图

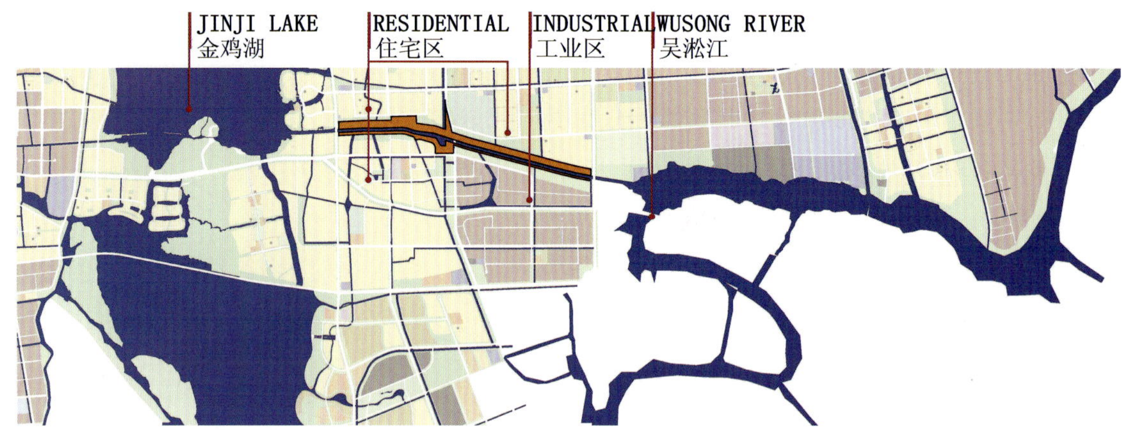

图8－38 斜塘河的地理位置

图8－39 效果图

图8－40 伸入河中的亲水木栈道

镇中人与水之间密不可分的关系，并结合现代生活方式，将斜塘景观带打造成一个为周边居民服务的都市带状公园（图8－37、图8－38）。

根据以上理念，围绕主题，模拟自然界中水穿越自然所形成的曲折、弯曲的场景，构筑景观的主体。根据河水流经地段用地性质不同，将斜塘河两岸设计成性质各异的景观带，以星塘街为界，邻近金鸡湖的西区，以斜塘古镇观光为主；靠近吴淞江的东部区域，则以自然风貌为主，给人不同的感受。既有自然生态性的风格，又有传统古镇的格局，还有人工雕塑、水上活动，以及各种休息性设施等。远远超过了古城区单纯以生活、交通为主的河道景观（图8－39～图8－46）。

水杉、柏等塔形树种为整体骨干树，根据其耐水湿性，疏密有致地沿岸线分布，与阔叶大乔木共同组成优美的林冠线，与水生植物组成雅致的水际景观，营造森林氛围。局部地段还配植了莲荷等水生植物，丰富了夏景（图8－47～图8－55）。

斜塘原是娄葑镇所属的小镇，镇上无工业，农业也并不著名。随着工业园区的建成，河道整修、工业发展，斜塘依河而兴，建设美丽的带状公园、河边绿地，让居市区的人们在此休憩、游玩，斜塘体现的是新的江南水乡格局、新的水乡风光！

图8－41 林中穿径——岸边步行道

图8－42 通过休息平台眺望一组凉亭

图8－43 面向绿地的堆坡驳岸，白雪皑皑，添了一些素静美

图8－44 斜塘河雪景

图8－45 灯塔——航海的必需，内河的点缀

图8－46 远眺居住区

图8－47 岸边森林与湿地景观

图8－48 河边湿地中的水生鸢尾已开花

图8－49 带状公园内风光

图8－50 河边公园之卵石铺地

图8－51 昔日河边凉亭，主要是供纤夫休息之用，现设置凉亭为市民活动之需

图8－52 河岸上植树成林

图8－53 带状公园中的森林景观

图8－54 带状公园中的景观一览

图8－55 河岸上的架空栈道

第9章 开放式公园绿地

9.1 城市公园绿地

公园是供市民就近休息、活动的室外空间，而用“绿地”一词与之相连，是因其属于绿化为主的公共景观用地。近年来由于城市人口密集等原因，生态环境问题日益严峻，公园起着缓解生态、改善城市空气等作用，所以，被喻为城市的绿肺。绿地可减轻城市的“热岛效应”，上海延中绿地建成后，夏季中午比周边环境可降温2℃以上。公园绿地还具备防灾、减弱台风危害等作用，对培养市民良好的环境意识、健身等也有明显的效果。

我国城市公园的起源，可上溯到先秦时期春初（3月初的上巳日）人们都到郊外水边沐浴、会友、祛邪、祈祷的“修禊事”，如晋代王羲之《兰亭集序》中提到的“修禊事”、行曲水流觞活动等，带有到市郊空间活动的意思。迨佛道兴起后，人们才转向拜佛烧香等以求祥瑞，寺庙道观又都修建在风景良好的山区或郊外，这些可看作是人们到市外活动的肇始。后来，受国外资产阶级革命成功的影响，人们要自由、平等，皇家宫苑逐渐开始向市民开放，例如北京颐和园即于1928年开始对市民开放。真正意义上的公园要算上海的外滩公园了，自1868年创建至今，已有一百余年，而苏州的公园则迟至20世纪30年代才开始创建，因此可以用历史不长、基础较差来概括。但自改革开放后的近30年来，公园建设发展极快，如城西的高新区相继建成玉山、索山、何山、运河、桐泾等公园。近年来又利用原来农村育苗基地，连同周围丘陵、湖泊建成白马涧生态园。城东的工业园区，因无山丘，建园全靠人工造景，依湖傍水也建成了湖滨公园、中央公园、红枫林、白塘、沙湖、方洲等公园，全市公园绿地总面积已达11165hm^2，绿化覆盖率44.2%，绿地率38%，人均公共绿地14m^2。

公园有其相应的服务半径。面积较大、功能齐全的大型公园，往往面向全市，习称市级公园，如原有的苏州公园、新建的东沙湖公园。略小的、功能比较单一的称区级公园。社区公园服务半径小，居民出门数百米就可到达。道路、广场、绿地则往往与社区公园交织在一起，形成绿地系统。

9.1.1 沙湖生态公园

沙湖生态公园位于工业园区现代大道东北侧，是市级开放公园，占地133万m^2。是居民区和工业区的交界处，由四条道路围合而成。

公园原址是盛产茭白等水生作物的荡田，其中水面60多万平方米。全园地势低平，黄海高程仅1.5m左右，创建湿地园是最为便捷的，但为免洪涝及便于市民入内休息活动，不得不对原有低洼荡田加高，并与东西干道持平，即黄海高程达到2.8m左右。要对60多万平方米低洼地普遍加高1m左右，土方量是惊人的，为减少运输成本，只能挖湖取土，遂使水深普遍达到2m以上，湿地植物只限于湖边生长，湿地景观也限于湖中小岛上。

1. 总体空间结构

沙湖生态公园的景观设计贯彻因地制宜的原则，强调了对原地形、现有湖泊及水道的保留，并以此为公园发展的框架，通过地形设计，形成四个不同风格的景区（图9－1）。

西部——朝向星华街的界面，是过往车辆及行人的主要入口。连绵起伏的堆坡形成了对星华街行人视线的阻挡，而间隔开敞的三条直线入口，通过拱桥的连接，直接穿过小岛以木栈道的形式伸向水面，使人们隐约能看到公园内部的湖泊及远景。一条曲线形的小径在起伏的树丛中蜿蜒穿行，点缀于绿地之间。南北向的河道成为苏州水乡的象征，也是生态公园的重要组成部分。

南部——与此区域毗邻的现代大道，为生态公园提供了一个现成的景观界面，对角设置的开敞式入口融合了不同的功能，包

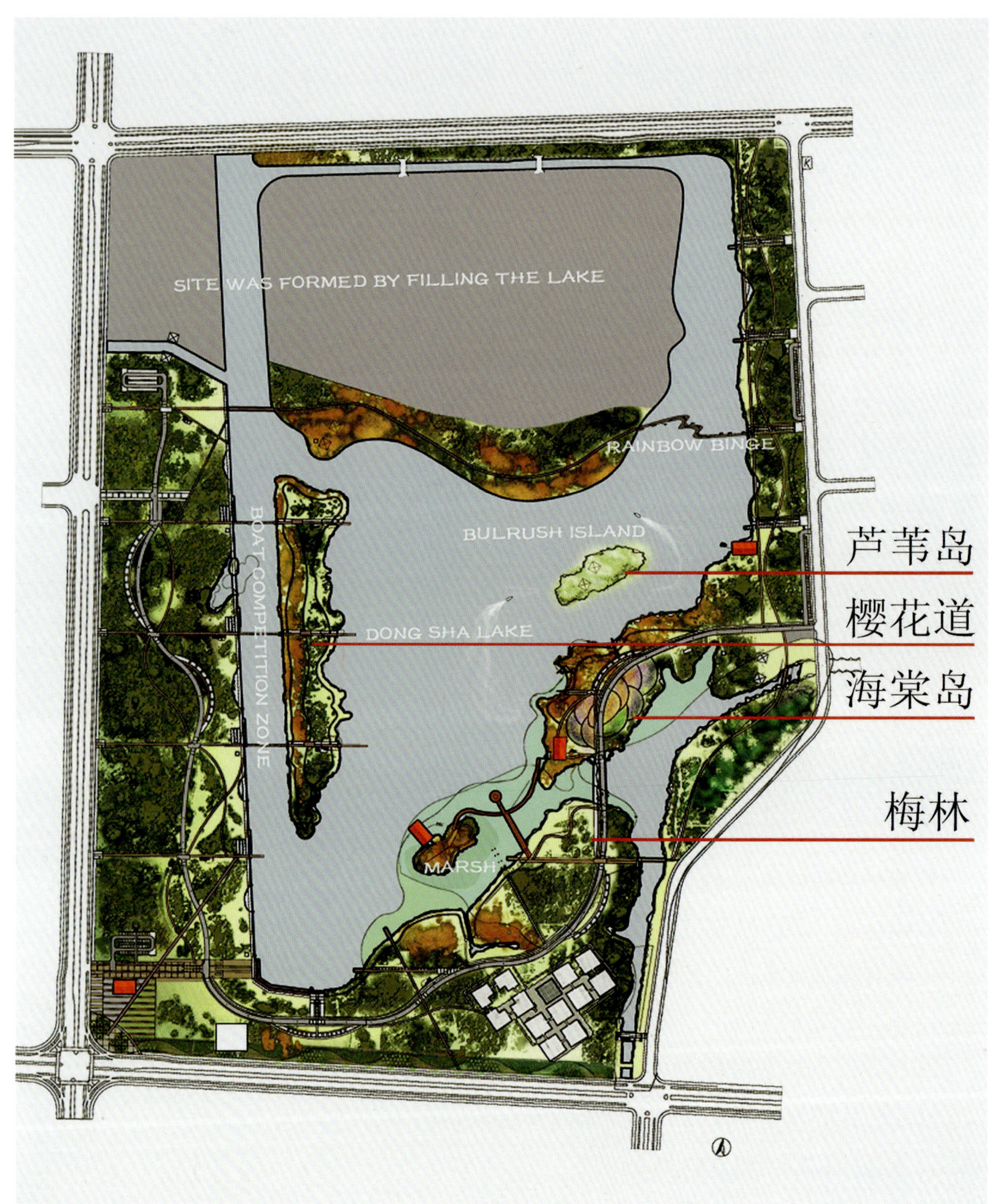

图9－1 沙湖生态公园总平面图

括公园主体、表演的会场、临时庆典场所等。绿化设计和植物的选择延伸了现代大道的节奏感。向内观望时开敞旷达，成为生态公园所处区域文化特征中一个不可分割的组成部分。而伸向湖面的木栈道及预留的商业区域为设置相关设施如游船码头、茶室等其他服务设施，创造了条件。

东部——凤里街的车行入口和停车场的设置，是围绕湖区生态湿地的自然步行路的起点。系列交织的步行道及水渠，丰富了东侧相对狭窄的地形。生态湿地中的小岛通过木栈道与小桥的连接，是相对独立的湿地观赏区。

中部——在沙湖生态公园被陆地环绕的近60万m^2的水面上，有三个各具特色的岛屿分别种植了樱花、海棠、芦苇等，由大片的水生植物包围连接。这里还有大量的鸟类，是都市里真正的生态景观。

2. 道路系统

作为市级开放公园，根据其公园的容量及城市规划的交通结构，公园的三个机动车出入口设置在两条南北向的次干道上，东西向的主干道不设机动车出入口，而设四个人行出入口。出入口合理分布在全园各个区域，与内部交通构成完整的道路系统。对于面积为130万m^2的开放性公园，允许机动车进入并贯穿公园，是全市公园中的一个特例。

机动车停车场设置在三个机动车出入口，面积较大，沿园内每隔400m即设置带状停车点，分布在游览景区的不同地点，步行及非机动车道路在主要线路与园内机动车道路分道并行，互不干扰，同时保证游线的连贯性与畅通性。主要道路包括非机动车道路，以沥青铺面，既便于维护，又成为慢跑、滑板、自行车等的适宜路线（图9－2）。

图9－2 滑板、汽车等分道行驶

图9－3 水杉群落

图9－4 针阔叶混交林群落

图9－5 春花群落

3. 植物造景

沙湖公园场地宽广，水域与陆地各占一半，且相互之间地形错落多变，对植物生长较为有利，动物尤其是鱼类和鸟类也有着良好的栖息环境。因此，人们活动其间就能感受到自然界的四时变化，能聆听天籁之声。

沙湖公园在植物设计上采用了绿量丰富的群落式结构，是苏州各公园植物造景的典范。所谓群落，是考虑植物种间种内关系后，按植物在自然生长环境中，形成的对光照、水分、养分的吸收利用的自然适应，是自然界不同植物种类的天然组合。而人工植物群落就是根据植物对光的适应强弱、植物生长的体量，其中主要是对光的要求而作的人工组合，以增加单位空间的三维绿叶量，现列其主要群落如下，以供参考：

水杉群落——水杉是裸子植物，其生长方式是单轴分枝式的，也就是说它始终保持了主干生长的优势，可以使主干往高处发展，成年大树20余米的高度是极为常见的。因此它往往处于整个群落的最上层，在其下面则可有各类次高的乔木和灌木。沙湖公园水杉群落的中层植物是：杜英+樱花+海棠+栀子+红花檵木+草地。由于这一群落以水杉为最显眼，故称之为水杉群落（图9－3）。

针阔叶混交林群落——苏州属针阔叶常绿、落叶混交林地带。目前最常见的针叶树是水杉，其次是松柏类；阔叶树种类较多，最常见的常绿阔叶树是香樟、广玉兰、杜英等，落叶阔叶树则更为丰富，榉、榆、杨、柳、枫杨等，图9－4中的常绿阔叶树是杜英、香樟、广玉兰，针叶树是水杉。

春花群落——顾名思义是春季观赏的花木群，配置方式是在沙湖公园采用樱花作为主栽树，樱花是春花中最为高大的，占领空间的最高层，中、下层依次是海棠、碧桃、含笑等。这些花木的花期略有先后，正好把花期错开。丁香是北方树种，苏州应用较少，但为丰富春景，也被选用。这类花木的下层较低矮，只能配置地被植物，如二月兰、芍药、鸢尾等，或矮生花灌木如贴梗海棠、瑞香等（图9－5）。

春花群落是色彩艳丽的花木，被配置在南北向的条状岛屿上，故此岛也被命名为樱花岛。

夏荫群落——苏州的四季分明，夏季高温炎热，为遮蔽夏天烈日，选用冠大荫浓的乔木作为主栽树，如选用香樟、广玉兰及朴、榉等落叶阔叶树，另用枫杨等较速生树种，主要配置在凉亭、茶室等建筑周围。

色叶群落——苏州的色叶树种不多，著名的有枫香、槭树类，也因日温差小、褐斑病等较多，不易变色，只有银杏的秋叶较易转黄，故将其作为主栽树，下面配置乌桕、槭树类等。

观果群落——苏州果树种类很多，但考虑日常修剪等管理较难，所以，主要采用柿、芸香科的香泡等，春季观果树是枇杷、代代。这类群落的下层，经常需要肥水管理，故地被植物较少。

此外，除将乔木、花木按群落式造景外，对于色彩、芳香性植物，如红叶石楠、红花檵木等色叶树，以及具浓香的桂、含笑、金边瑞香、蜡梅等也都尽量配置，力求花香处处，色彩缤纷！

图9－6 松柏群落

图9－7 河畔平台

4. 桥的集锦和湿地景观

沙湖生态园多水，原地河浜纵横，为了因地制宜少作变动，所以必然桥梁众多，随之桥梁式样也就相应增多。如若式样单一，就失去公园的游赏价值。桥梁各式各样，使人不觉其繁，反而觉得是景。桥梁依材料分，有钢桥、石桥、木桥等；依式样分，有平桥、拱桥、梁式桥等（图9－7～图9－14）。

图9－8 桥梁形式多样，成为沙湖生态园的一大特色

图9－9 蜿蜒的平桥，漂浮在广阔的湖面，使人行线路延伸到了湖的对面

图9－10 湿地中的千屈菜（*Lythrum salicaria*）

图9－11 湿地中的荷花和荸荠（*Eleocharis tuberosa*）

图9－12 路灯座凳

图9－13 木栏桥

图9－14 贴水木质栈桥及湿地

便于浏览需要，众多的桥梁、岸边、湿地中又设置了许多木栈道，正可满足游人喜水、亲水的本性。但这些铺装都由木材制成，因此，从保护森林、保护生态、保护环境考虑，这类建设还应注意适度！

图9－15　河边孤木，可惜有些老态衰败

5. 水景及其他

仁者乐山，智者乐水。水被现代人看作是财富。人生来就有一种亲水性，孩提时期最能显现人的天性！沙湖公园有这么大的水面，在水乡苏州也不多见。设计师体会到人的这种亲水性，因此，除在水边配置湿地景观外，更用防腐木做成贴水步道，俯身可探水，站立可观水，荡漾渺弥的水面，水鸟探身捕鱼，野鸭在水面游弋，城市公园有此水面，岂不是绝妙景境（图9－15～图9－22）！

图9－16　木质亲水平台下的湿地景观

图9－17　亲水长堤紧贴水面

图9－18　荡漾渺弥的湖景

图9－19　水光潋滟

图9－20 公园茶厅

图9－21 自然

图9－22 座椅、垃圾桶

图9－23 标志性勒石——红枫林

图9－24 红枫

图9－25 红枫林

图9－26 友好、友谊、团结、互助

图9－27 红枫林中的游步道

9.1.2 红枫林公园

红枫林是园区另一区级开放式公园，占地12万m^2。园内红枫成林，主栽树种是鸡爪槭（*Acer palmatum*）及其众多园艺变种，例如紫红鸡爪（*Acer palmatum* cv.‘Atropurpureum’）、羽毛枫（*Acer palmatum* cv.Disseetum）、日本槭（*Acer japonicum*）、三角枫（*Acer buergerianum*）、中华槭以及金缕梅科的枫香（*Liquidambar formosana*）等。骨干乔木则有银杏、香樟、朴、榉树等。

红枫林背靠科文中心，远远南望，只见科文中心鸟巢式的建筑，成为公园的背景天际线。前面一泓池水，四周与金鸡湖相通，所以略具自净能力，较为清澈。

园内除茶室、道路及一小方眺望平台外，无其他硬质景观，就连大门也只在石上刻字为记（图9－23），成为湖边的一处赏湖胜地，是真正的城市绿肺，所以傍晚、清晨锻炼身体的人群络绎不绝（图9－24～图9－27）。

9.1.3 中央公园

中央公园是园区1996年即已兴建的区级公园，是建在众多的居住区和海关等写字楼间的公园绿地。园内以圆形广场为中心，与原有鱼池改建成的不规则形水池相结合，形成中央景观区，周边规整地配置了树丛、花境。大门口设置了雕塑等，成为进入园区的绿色序幕，由于建园已十余年，树木等已长成，所以景观也较整洁（图9－28、图9－29）。

图9–28 中央公园（一）

9.2 湿地公园

图9–29 中央公园（二）

湿地一词对园林界来说是一个较新的概念。原先的认识是湖荡沼泽等低洼积水之地无以为园。自1971年2月2日在伊朗拉姆萨通过了《关于特别是作为水禽栖息地的国际重要湿地公约》（简称《湿地公约》）后，才开始对湿地有所认识，至今

①仇保兴.城市湿地公园的社会、经济和生态意义[J].中国园林，2006(5).

②王凌等.城市湿地的生态设计[J].中国园林，2004(1):39.

30余年来湿地已有较大发展。湿地、海洋与森林是地球上三大生态系统，具有六大功能：①保护生物和遗传多样性；②减缓径流和蓄洪防旱；③固定二氧化碳，调节区域气候；④降解污染，净化水质；⑤防浪固岸；⑥美化城市。[①]城市化进程加快，水稻田面积减少后湿地公园更具有重大意义，苏州市也在积极创建湿地公园。

湿地是指天然或人工、长久或短暂的沼泽地、湿原、泥炭地或水域地带，带有静止或流动淡水、半咸水或咸水、包括低潮时水深不超过6m的海域。[②]苏州西边太湖平均水深1.5m（部分挖湖取土后加深到3m左右），北面的阳澄湖水深2.8m，南面的独墅湖水深1.7m，东南面的澄湖水深1m左右，已被工业园区规划入区内的金鸡湖水深1.8m左右，加上古城内河流纵横，呈河路并列的规划布局，可见苏州是坐落在湿地中的一座水城。早在明代始建的拙政园，当初就是在低洼地建成的园林，至今园中仍然多水。不仅如此，苏州的大部分平原地区，黄海高程都在2～3m左右，农田高程更低一些。苏州先人因地制宜发展了水稻生产，苏州因而成为全国著名的粮仓。这足以说明古人的聪明才智和湿地的作用。苏州湿地资源之丰富，即以城区而言也可说是在湿地的围合之中。

湿地在丰富生物多样性方面是贡献不小的，除常见的芦苇、蒲草及可供食用的茭白、藕、芡实、荸荠、慈姑、菱外，尚有栖息在芦苇丛中的野鸭、鱼虾等及可供食用的许多养殖禽畜、鱼类。湿地对于过滤、澄清水质，保护水源，蓄洪贮水等更具有重大作用，因而被生态学家喻为“城市之肾”。苏州被称为鱼米之乡，与湿地资源之丰富有莫大关系。

9.2.1 太湖湿地公园

太湖湿地公园位于高新区西面，太湖之滨的镇湖与东北面的东渚两镇之间，占地广阔，规划面积达4.6km^2。一期2.3km^2，湖的东北水域，为核心区。重点施工项目是整理、造景，其中水域比例提高到约71%，陆地约占29%。造景的原则强调自然、生态，兼顾人文地理、服务、休闲与发展。外圈是协调区，是指当前湿地公园的建设应与社会主义新农村的建设相协调，与江南水乡、鱼米之乡的传统风貌相协调。目前，太湖湿地公园已被江苏省林业局命名为“省级湿地公园”。

太湖湿地公园规划为：水乡游赏休闲区、湿地生态培育区、湿地渔业体验区、湿地生态休闲区、湿地展示区、原生湿地保护区、湿地生态科教基地等分工明确又富有特色的七大功能区。根据现有众多鱼塘、渔业的地理特色，通过整理、归类、修复或补充，展示了太湖特有的鱼文化、刺绣文化等传统的风貌，勾画了芦白稻黄、蛙鸣鱼跃等生态景区。太湖周边原有众多的芦苇，芦苇丛中栖息了成群的野鸭，芦苇与野鸭都形成了产业链，例如野鸭本身可制成一系列美味食品，著名的采芝斋、马永斋等烧煮的胡葱野鸭，已远销到港澳地区。野鸭绒是上好的轻软御寒材料，远胜于普通的羽绒。芦苇又是遮阴防风的好材料。由此足以说明湿地的间接功能是无限的，也就是当前强调的湿地对恢复生物多样性方面是有众多不可替代的作用的。

目前，一期施工设计图中有60余个景点（真正实施时可能会有所调整），对湿地的景观、旅游以及商业服务等诸多方面作了安排，设想周全，也体现了水乡格局。其中稻田广场与乡畦人家完全是为了配合新农村建设的需要，是江南水乡风貌的体现，而中心会所设置其间，正可让游客体验、领略新农村的全新气象和稻米生产的片断过程，初步彰显了“农业、文化、生态、自然”的水乡一角（图9－30）。

9.2.2 太湖度假区湿地公园

太湖度假区湿地公园堪称太湖湿地公园的姊妹园。位于太湖湿地公园之东南约15km处，是真正的东太湖之滨，紧靠渡村乡，高新区的西南，占地略小，近5km^2,是太湖景观大道的组成部分。（故略小）

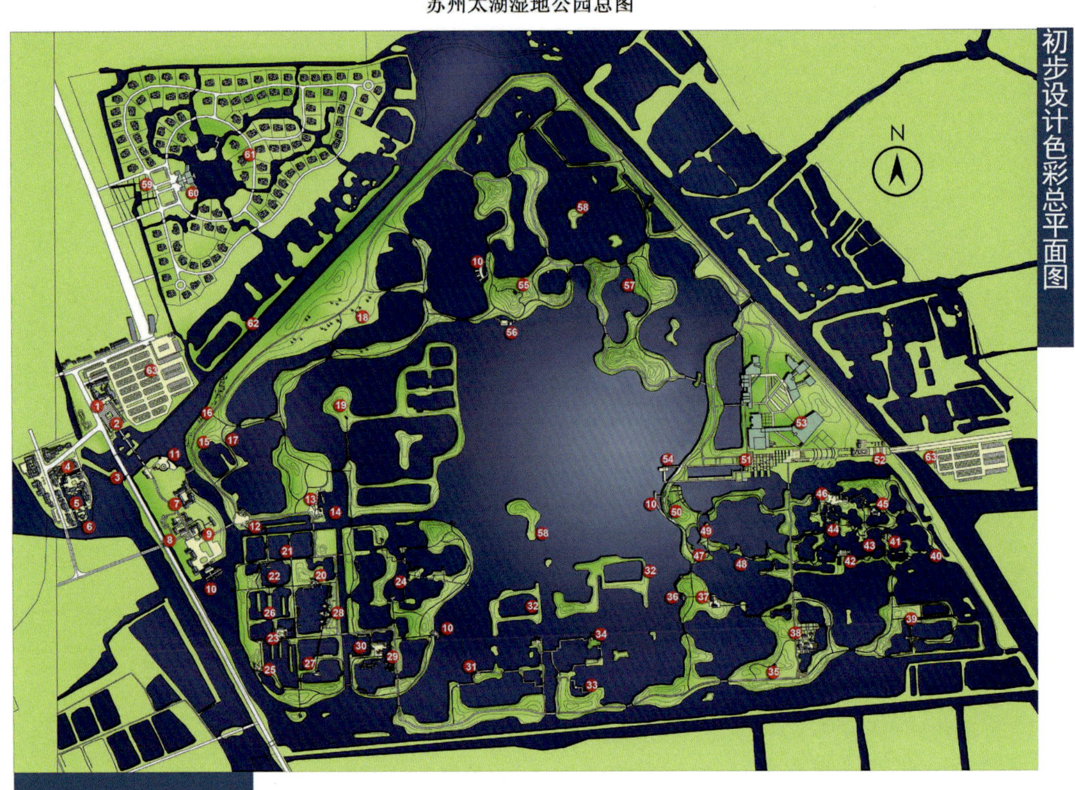

1 游客中心
2 主入口广场
3 水杉半岛
4 水乡商业街
5 水戏台
6 望湖楼
7 会所
8 西出口广场
9 鱼市街
10 游船码头
11 游船换乘广场
12 晒谷广场
13 七桅古船景点
14 祭鱼亭
15 卵石浅滩
16 芦苇荡
17 水森林
18 湖畔野营地
19 湿地观察站
20 江枫渔火
21 琼珠玉园
22 观莲小苑
23 桑梓人家
24 栈桥生趣
25 桑榆问茶
26 桑基鱼塘
27 槿篱茅舍
28 船港鱼乡
29 游湖渔村
30 渔家码头
31 观景亭
32 湿地之堂
33 芦塘探幽
34 滨水茶舍
35 梅香亭
36 八角亭
37 半岛茗茶
38 梅莲山庄
39 水八仙景区
40 碧水亭
41 映莲亭
42 植物方舟
43 芦白亭
44 大叶浮水植物园
45 濒危植物观察廊
46 植物知识展廊广场
47 观鸟亭
48 弧形栈桥
49 湿地观察平台
50 码头前广场
51 山水轴线广场
52 东入口广场
53 湿地博物馆与游客中心
54 湖中平台
55 震泽亭
56 山水茶室
57 桃源人家
58 生态栖息岛
59 稻田广场
60 中心会所
61 乡畦人家
62 桃堤柳樟
63 停车场

图9—30 太湖湿地公园总图（来源：苏州园林设计院）

图9－31 远眺

图9－32 细赏

图9－33 长堤

图9－34 观湖游步道、座凳

图9－35 象形石被群众称之为“神龟”，保留后成为一景

该湿地公园，长约5.5km，纵深约200m。目前对湖岸略作改造，使地形起伏变化，增加了湿地植物，硬直单调的太湖大道因湿地的开阔而恢复了与大自然的亲和性。设计时贯彻了生态性、多样性、艺术性和可持续发展的原则，力求湖岸线与水体有机结合，注重太湖的自然特性，体现了生态的理念。

该湿地同样规划了入口区、金杉银芦区、梅花坞服务区、暗香水庭区、新天地服务区、临湖漫步游憩区和水上食府区等七大景区。同时，为美化、减缓平直的交通大道的呆板感，沿线配置了乔灌木并点缀了一些建筑小品，湖岸内侧又加植了芦苇，恢复了太湖原有的生态景观（图9－31～图9－35）。

为使度假区湿地公园与太湖湿地公园的目的性、主题性有所区别，前者着重恢复太湖的生态、水乡和建设社会主义新农村，以保护生态、保护传统文化为重点，休闲度假是其“副产品”；后者则以度假、休闲为其主题，所以两者有一定的区别。度假区湿地在景点设计时较注重人性化，配置了较多的公共设施，如湖滨木栈道、亭廊、游步道等。其中还设置了太湖水风车，成为度

③沈红娣."留住城市的香格里拉"[N].姑苏晚报,2009-02-15(04~05).该文数据有误,后经苏州市林业站等相关部门校订后,予以引用。

假区标志性景观。建成后,政府组织了文化、体育等活动,增强了人们对湿地保护生态功能的理解。

关于湿地的生态效益,一般都作定性描述。苏州度假区湿地公园委托有关院校对7.2km^{2}度假区中约55万m^{2}芦苇作了定量测定,认为可吸收太湖水中的总氮达27.58t,总磷3.08t,均高于农田与热带雨林。该湿地如果全部建成,按此推算约可吸收水中的总氮450余吨,不到三年就可把太湖水提高一个等级(即由Ⅳ类水提高到Ⅲ类水)。[③]

9.2.3 荷塘月色湿地公园

荷塘月色湿地公园远离太湖,位于古城北面相城区的太阳路南,这里原是一片低洼的沼泽、废弃的河道和鱼池,总面积达3.3km^2。

该湿地公园因建立在人口稠密的城市副中心内,所以重视入园赏玩的需要,建立较多的活动场所、平台、水上运动区等,另外利用原有市庙建成佛教文化园等设施(图9－36～图9－39)。目前,正在启动中。

荷塘月色湿地公园主要是供夏季和早秋游赏,冬季则为佛教文化的重要活动季。另外既称为荷塘月色,所以兼作收集、保存荷花、塘藕品种的种质资源库,并可供科研。目前已收集保存了155个荷花品种(计划收集500余个品种)和数十个睡莲品种。另外,为增加游客的游兴,还收集了少量的王莲(*Nelumbo lutea*)

图9－36 近赏荷花

图9－37 有桥连通

图9－38 赏荷茶廊

图9－39 荷风四面

品种，准备冬季用大棚保护越冬。

该公园将成为全国最大的以荷花为主题的湿地公园。日后还将在其内展开莲藕品种的选育和繁殖工作。

9.3 白马涧生态园

白马涧生态园位于高新区西部天平山、灵岩山东北，支研山、花山、天池山之东南。部分山地是原采石场的废弃宕口，坡地和平地是原农村育苗基地，经整理、改建成为新的城市休闲游赏景区，由于地处景观优美的风景区内，稍加规划即可成景，未作重大改造。在规划过程中强调了开发与保护、自然与人工间的关系，尽量发掘历史遗迹，丰富文化价值。由于较少人工造作，故称其为生态园。

全园占地约7km^2。重点景区是“龙池”，龙池能收集天平山、金山、焦山等山的水，1952年规划整理成水库。水库平面面积20000m^2，常年库容80000m^3。清代乾隆曾题碑“明镜漾云根”。今在龙池旁建有滨水步道、流瀑飞虹、鱼戏莲峰、顽泊天工石韵、十里木栈等景点，成为赏泉看景的佳处，尤宜夏季傍晚纳凉和品茶。栈道旁保留了苗圃中留存的香樟大树。龙池之下是“凤潭水”，水面面积11200m^2，配备了竹筏，可供游客乘坐。凤潭水的中游建一溢水口，水从溢水口下流，形成“云谷飞瀑”一景，瀑布面宽40m，场面十分壮观，凤潭水虽有山泉补充，但天旱时仍需人工补充，再往下，水面更宽阔，可供游泳。马涧涧溪，规划整理成曲折变化如同天然的泉瀑。另有千尺雪、洗心泉、涧上草堂等景点可供游赏。

白马涧的特色是山灵、水秀、林幽：山灵是指有天平山、灵岩山、天池山、花山等名山环抱，是自然形成的一处低平丘陵；水秀则因龙池之水来自山上的源泉和雨水，水中留有活化石——桃花水母，系5.5亿年前的活化石，是水母状腔肠动物，20℃水温水质清澈时可显露真面目，质轻薄，形似白色桃花，故名；林幽则指因原有苗圃地未全砍伐，选择大树留存，故有松柏、银杏、香樟、杨梅、石榴、桂花等成片大小苗木，现已构成片片观赏林。

据传说，这里是春秋时期吴王的饮马放牧之地，有饮马池留存，故名白马涧。谢宴岭相传是越王勾践战胜吴王后宴请群臣之处，后讹传“谢越岭”。黄烟岭山岭不高，但周边都有寺庙、村庄等。称其为黄烟岭是因为翻越此山岭只要一筒黄烟的时间即可。

规划区域为山体围合的U形山谷盆地，花山、天平山、观音山等山林成为本区的绿色屏障，原山体受开山采石破坏较大，进行生态修复形成特色风景区，是规划设计的关键之处。该区水体较多，龙池（胜天水库）水质清澈；采石和施工开挖形成的池塘达100多亩，水质也极佳。此外，场地内溪流水塘众多，河网纵横。山上零星分布的名胜古迹和寺庙建筑为开发建设提供了良好的人文景观资源，也是良好的历史资源。

据此将白马涧生态园定位为苏州城区内的自然生态型休闲度假区。突出生态园的自然、生态和文化特色，形成东有金鸡湖（城市型休闲度假——水、城），中有苏州古典园林（旅游观光——古典园林），西有白马涧（乡村型休闲度假——山水、村落）的城市休闲格局。

根据不同的自然条件，将生态园分成四个区：大众型休闲度假区——位于规划场地的东北部，华山路以南，借助于华山路将游客从市区吸引至此，方位上承接了城市发展的方向，主要包括综合服务、住宿休闲、山林运动、水上运动等。度假别墅区——位于园区西北部，背靠花山。现状场地的生活气息浓厚，村民生活与农田肌理交相辉映，充分体现了自然和生活的结合，主要包括度假别墅、林地休闲和花卉田园。旅游休闲区——包括现状果林场与龙池，结合现状自然植被和自然水体，创造出一种环境优美的旅游休闲区。自然风景区——将区域中的观音山景区、天平山景区、花山景区作为一个系统来统一规划游线（图9－40～图9－66）。

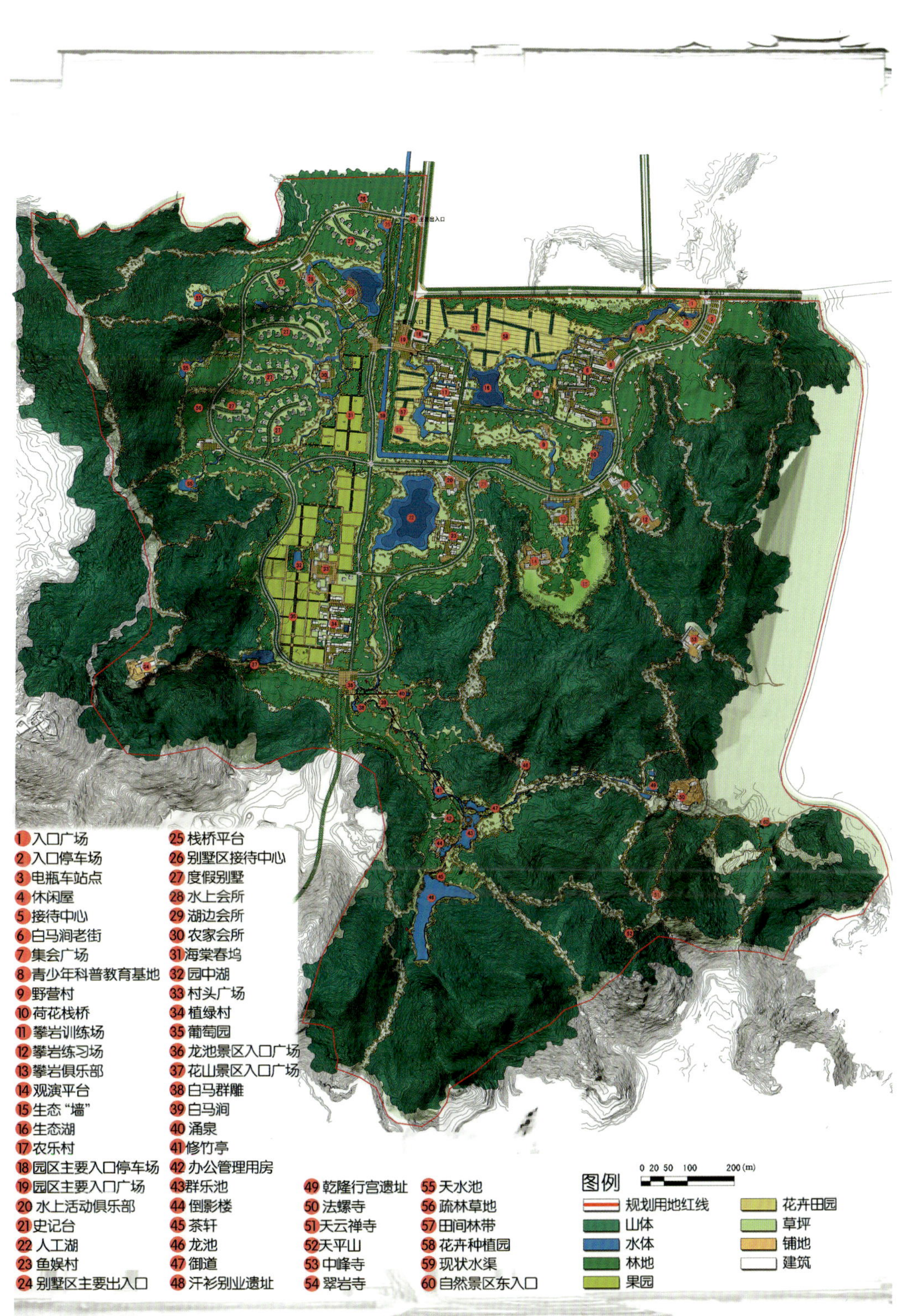

图9－40 景点规划图（来源：北京土人景观规划设计研究所）

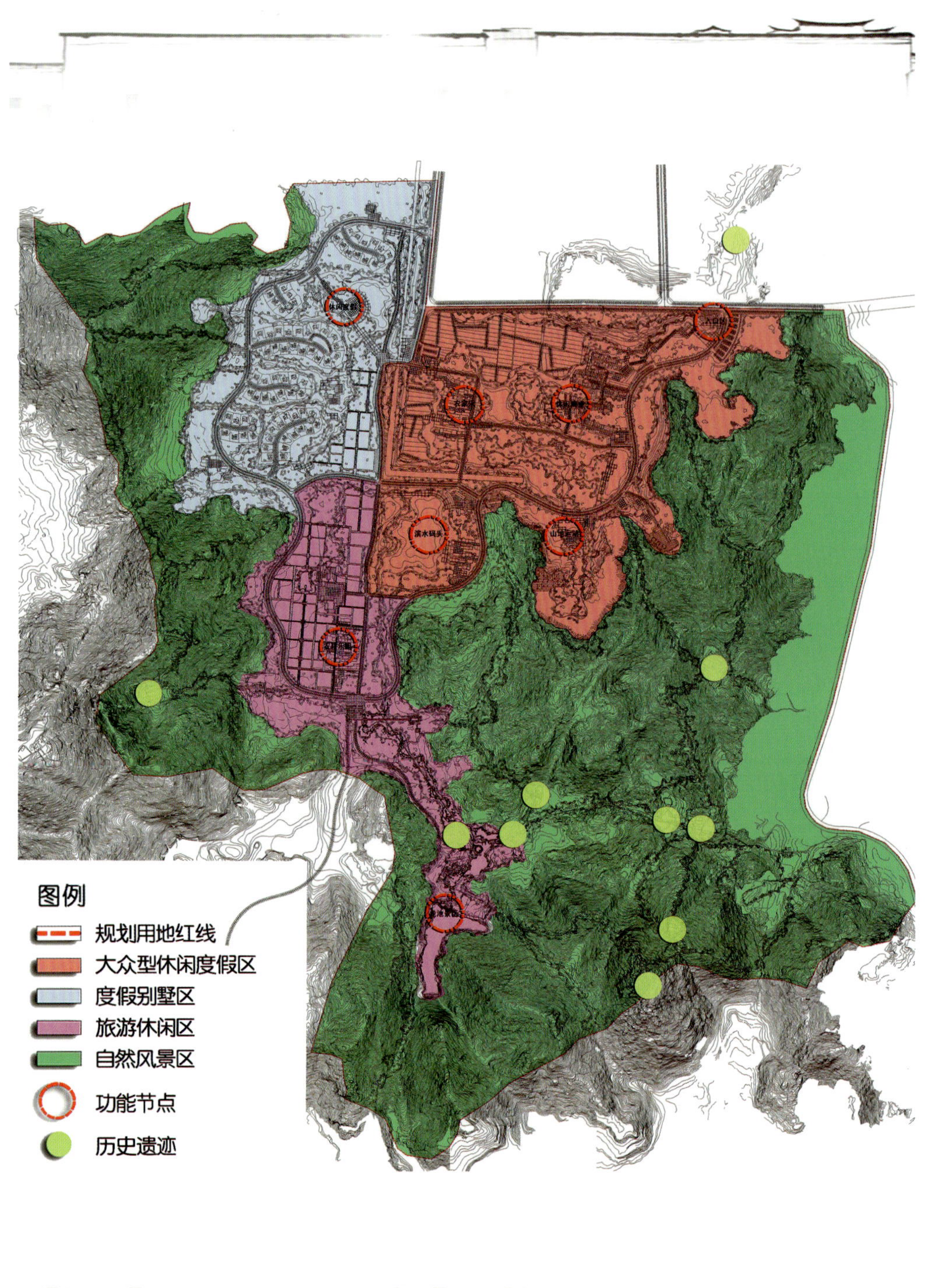

图9－41 白马涧山系路网图、平面指路图（来源：北京土人景观规划设计研究所）

图9－42 谢宴岭下

图9－43 白马涧生态园的全貌

图9－44 裸露的山体，尚未被采石之原貌

图9－45 裸露的花岗岩巨石——顽泊天工

图9－46 原吴王饮马池之鸟瞰

图9－47 山间步道，稍加人工整理

图9－48 十里木栈，通向山巅

图9－49 建于山谷之三重檐楼阁

图9－50 人工叠石如同山峦真景

图9－51 游乐园

图9－52 就餐长廊

图9－53 幽然如入深山崖谷

图9－54 休息凉亭及木平台

图9－55 长廊紧贴湖面

图9－56 凤潭水中的竹筏游览

图9－57 滨水步道俯视

图9－58 凤潭水畔的竹筏码头

图9－59 长廊近景

图9－60 新建的度假别墅和餐厅

图9－61 人定胜天

图9－62 凤潭水的泄洪道

图9－63 龙池凤潭水的广阔水景

图9－64 龙池的山体背景及新建的道路

图9－65 云谷飞瀑

图9－66 路桥及别墅

图9－67 开山残存之猴面石

图9－68　辉煌璀璨的摩天轮乐园之正门夜景

9.4 摩天轮公园

图9－69 摩天轮乐园西侧之休息座凳及湖边树林（树林西侧即为一望无际的金鸡湖）

摩天轮是1893年美国芝加哥为媲美法国埃菲尔铁塔而创意设置的、可旋转的轮状转盘，定名为摩天轮，是一项“三维”空间的构筑物，目前最高、直径最大的是新加坡的165m的摩天轮。无锡、南京的分别是115m和116m，苏州的高120m。

整座乐园占地3.7万m^2，设有蝶形悬挂式过山车、双层旋转木马、飞行秋千、28座4D影视设施，采用6方位转动座椅、震感环绕立体声音响系统等。在过山车中有4排座位，经历400m的轨道，只消1min即可飞越全程，故似有飞鸟般的感受。

摩天轮共架设60只轿厢，轿厢可随轮旋转360°，厢内有沙发座椅、电视等4个贵宾厢，可供商务会餐等用。旋转一圈25min，由于地处水边，故可领略水下奇观和空中历险。

中央广场及周边围墙墙柱中，均有海神雕塑群，入口大门是哥特式尖顶建筑，周边围墙墙柱也都筑成尖顶状，餐厅做成海盗船式，看惯了苏式建筑后，观此颇觉新鲜（图9－67～图9－70）。

在此建造摩天轮，曾有过不同的议论：有人认为这与湖景风格宁静、安逸相左，也有人认为这可带动北侧时代广场、百货等商业氛围，有利经济，诸如此类，众说纷纭。既已建成，姑且运行一段时期再定利弊！

图9－70 南望省内最大的摩天轮，在绿树映衬下伟岸屹立

图9－71 摩天轮乐园前小河上的便桥，与桥后广阔的树林自成一景

第10章 居住区

居住区是城市人民生活、休息的基本场所。苏州原有的居住场所是街坊里弄，是街坊中一幢幢以“进”为单元的住宅，一般是五“进”或多“进”的住宅，中产以下则一二“进”或所谓沿街浅屋。今则以多幢、十余幢多层或高层、小高层住宅组成的一个区或一个组团为居住区。依每幢住宅楼排列的密度及居民数大体可区分为低、中、高密度等住宅区，低密度住宅区因其住宅少、周边有空隙可作为环境景观用地，因此通常认为环境质量优于原有的老住宅区，高密度住宅区则因人口密集，大体环境质量不能与旧有五进以上的住户相比拟，但其基础设施则远远超过旧式住宅。

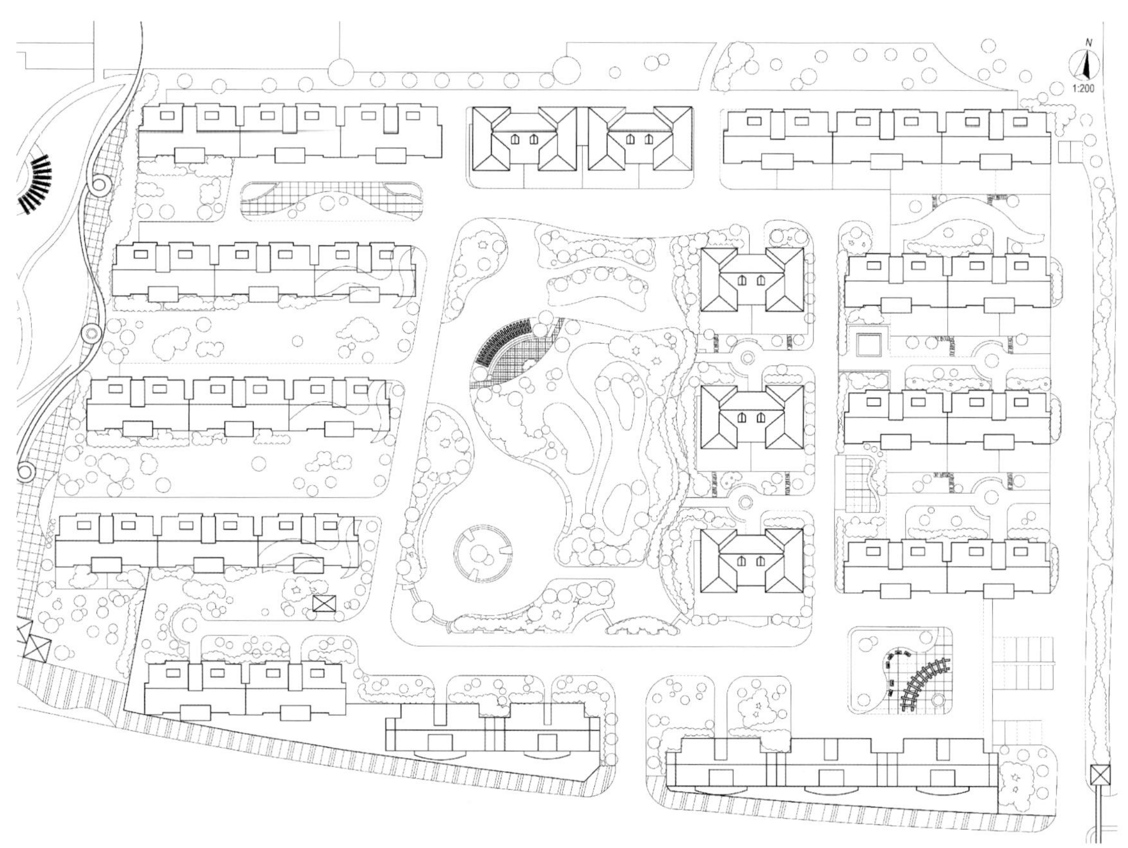

图10–1 景观扩初设计——组团花园

10.1 多层、高层住宅

多层、高层住宅是中、高人口密度居住区。由于竖向发展后人口密度增大，因此，室外空间也必须相应增多，景观亦应随之丰富。按规定楼间距与楼高应保持1：1.2，所以高层之间空间应略增加，景观也就可以有一定变化和丰富。当然，高层住宅人口也必然增多，所以绿化等有利环境的设施也应丰富多彩，而铺地等硬质景观只要满足功能需要即可。

图10–2 都市花园中的水景

10.1.1 都市花园和天域居住区

这是典型的中高密度居住区。在景观设计方面，早在规划阶段就注重用地分配，力求较高的绿地率和室外功能的完善。诸如车库顶部、楼间距离以及组团绿地等都十分注意设计和施工。在绿化方面力求采用群落式三维绿量丰富的种类；在硬质景观方面，则尽量做到室外功能的完善。

图10–3 都市花园中央绿化带俯瞰

这两个居住区是由同一开发商主持开发的，最先开发的都市花园大多是多层和小高层，较重视环境的美化，以争取客源。当取得了一定社会影响后，就全改成高层、高密度居住区，以达到

图10–4 都市花园幼儿游乐设施

图10–5 铺地及规整的彩色树丛

图10–6 都市花园规整的色带

图10-7 都市花园的花坛、水池

图10-8 都市花园中央绿化带中的水池

图10-9 旱溪——天域

图10-10 墙面装饰（一）

图10-11 墙面装饰（二）

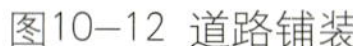
图10–12 道路铺装

图10–13 花架

更大的经济效益。正因为效益较高，因此，在环境景观方面也较注重精巧、美观（图10–1～图10–8）。

这两个居住区基本上达到了建筑风格和景观的相互呼应，例如天域的建筑偏重南方风格，以装饰华丽、用地紧凑著称，因此在道路铺装上也注重色彩和纹样（图10–5），车库顶部由于荷载限制，所以采用花灌木、水景、旱溪等（图10–9）；同时，凡能集中造景的区段，尽量形成组团花园（图10–3）。不同的室外空间，采用不同的造景手法，做到景观多样、变化有序而不雷同，从而使居民既能赏心悦目，又能满足其散步、游戏、交流、聚会等的各种活动需要。在提升景观功能的同时，也使居民生活得到改善。

图10–14 天域花园之休息亭

图10–15 天域花园喷泉之中央喷水柱

都市花园二期的中央绿化带和组团花园，更创苏州住宅小区之先河，进门后只觉气势壮阔、景观宜人。组团花园在15幢住宅楼之间，占地约1000m^2，园内除一组儿童游乐设施外，坡地、草坪、竹林、花坛齐全。其中乔木可遮荫，草坪可活动，花坛能赏景，空气新鲜，景观也觉宜人。

该开发商最近又仿照广州番禺星湖湾，造了十余幢高层住宅，景观力求变化，采用苏州少见的旱溪、雕塑、墙面装饰、外墙壁画等，连绿化也采用南方树种加拿利海枣（*Phoenix canariensis*）等（冬季保护），并将该小区另取名“天域”（图10–9～图10–15）。

10.1.2 湖左岸住宅区

湖左岸住宅区位于工业园区金鸡湖西，一期占地8700余平方米，同样为中、高密度居住区。其中一期的楼间距离达到1：1.3以上，因此间距特大，空间宽畅，从而使绿化、硬质景观都有较多空间，除必要的道路、铺装之外，儿童活动设备、沙池、体育设施齐全，更有一规则水池，放水后有喷泉，可观鱼等，水排干后，可作为露天剧场，地下部分则为停车场。绿化方面楼南、楼北区分别对待，楼南只用樱花、海棠、碧桃、紫玉兰、桂花、紫薇、紫荆等花木，以利观赏，又不致影响采光；楼北则采用榉、朴、广玉兰、香樟、杜英等乔木，以利阻挡北风。另外一种新从浙江引进的珍稀树种——新木姜子（*Neolitsen aurata* var. *che-hiangensis*），叶色美丽，阳光照射后，叶色金焰，被誉为佛光树，仅见于苏州（图10-16～图10-21）。

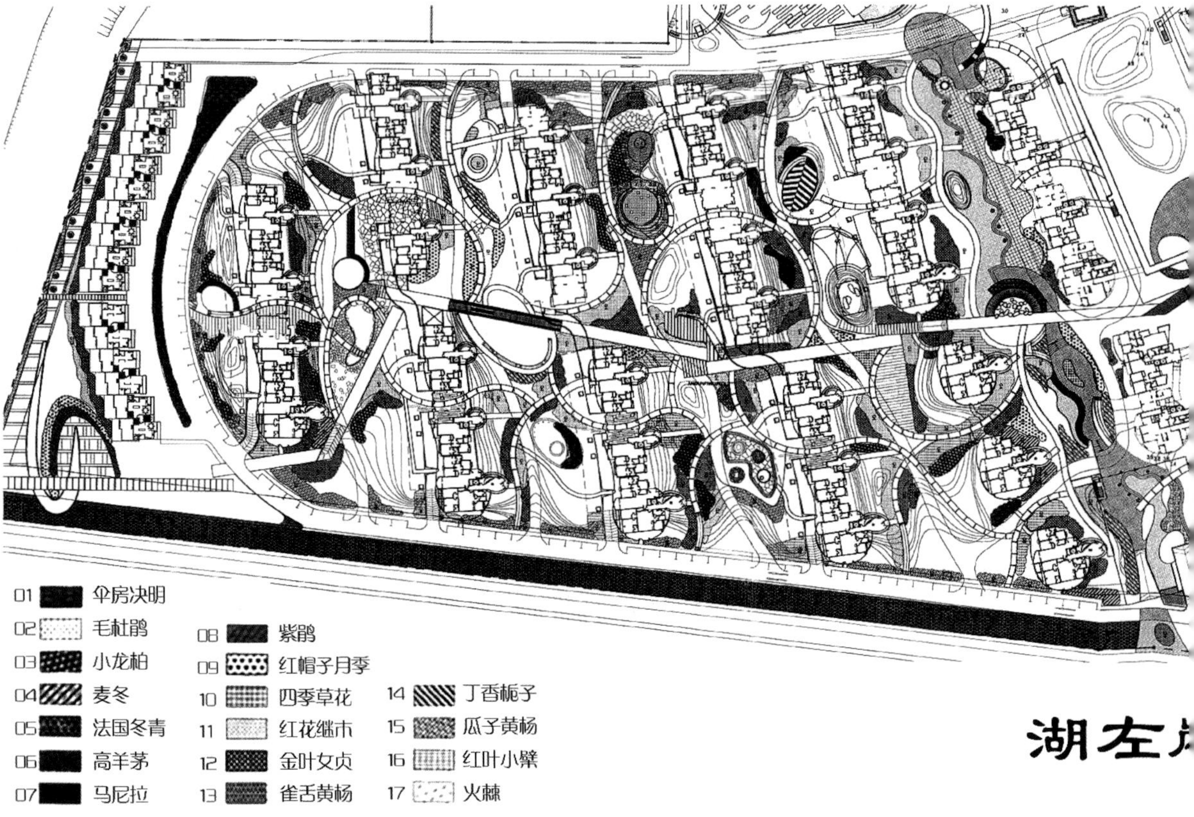

图10-16 湖左岸景观扩初设计

图10–17　湖左岸北立面

图10–18　湖左岸路侧水池及倒影

图10–19　湖左岸地面铺装及沙池

图10–20 湖左岸从高层俯瞰花架及地面铺装

图10–21 俯视地下车库、地面铺装及楼后绿化

10.2 别墅住宅

我国的城市别墅不能与郊区别墅相比拟，尤其不能与国外的别墅、庄园相比。在城市中营造独立式的住宅，土地资源有限，因此占地一般不能太大，一般是500～1000m^2，少量可达3000m^2。为此，近年来创设了联幢（2户以上）别墅、复式（上、下两层或三层）相连的别墅等。依建筑、景观风格的不同，产生了传统的富有苏州园林风格的别墅，最为显著的特征是有围墙围护，使住宅完全处于封闭空间内，也有些只采用传统的建筑元素如屋脊、苏瓦花边、滴水等，其他大体都是近代的普通风格，这就不太典型。

10.2.1 江枫园别墅区

江枫园是古典园林式别墅区，位于姑苏城外寒山寺旁，近邻古刹，所以风格强调传统。该小区面积不大，占地约8.4万m^2。基地上原有水池等洼地，正好利用做成莲池，除去车行道及公共绿地外，共建住宅67套，平均每户占地500m^2左右，其中花园平均面积约260m^2。容积率0.25，绿地率61.5%。

依西侧寒山古刹演绎成八大景点：如“寒山积雪”、“顽石悟禅”、“塔影落浦”、“霜天钟籁”等。

该小区是纯苏州传统园林式住宅，每户四周有高墙围护，小区周边也筑有围墙，成为封闭型小区，进户大门全用石库门，门楣各户都有题词。入门后园内花木扶苏、山水俱全，有的假山还配备泉瀑，超越了古典园林中只有静态水景的局限。有的水面聚合成池，有的则延伸成河，河上架桥可以通行，也有的将水伸入阳台之下，上面配以玻璃，坐室内能见游鱼戏水。山上筑亭，亭中可以弈棋，可以观景，亭周有四时八节之花木，夏季有浓荫可在树荫下散步，即使严冬寒月也有蜡梅飘香。环境宁静，景观极佳（图10−22～图10−36）。

与此类似的尚有拙政园东面的“拙政东园”别墅区，该小区占地近2万m^2，共有30套别墅，除却公共空间，每户占地约400m^2。四周无围墙包围，每套别墅或用树木，或用水面分隔，与江枫园稍有不同。

图10−22 江枫园一角

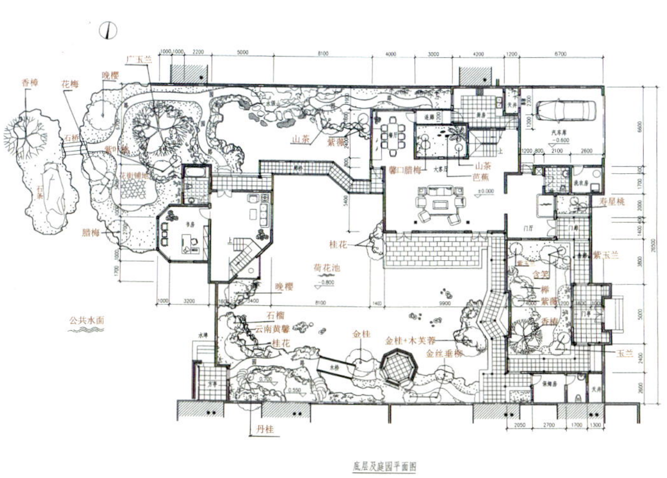

图10–23 庭园绿化平面图一例

图10–24 照墙

图10–25 会所西侧

图10–26 入户大门

图10–27 人家尽枕河——门前小桥式样各异

图10–28 访客车辆暂停处

图10–29 景点——霜天钟籁

图10–30 景点——塔影落浦

图10–31 景点——莲池鸥盟

图10–32 公共道路上的三孔桥

图10-33 户内花园景观

图10-34 户内花园中的小桥流水

图10-35 住宅二重门前屏风上的石雕

图10-36 江枫园后花园中的廊桥

10.2.2 金澄明珠别墅区

金澄明珠别墅区位于古镇甪直西南，占地约13.2万m^2，建有88套别墅，除道路、游泳池、网球场外每套占地800余平方米。该小区环境优美，南有约36km^2的澄湖，东有高尔夫球场，西与澄湖水岸别墅区毗连。进入小区，宽阔的会所呈现眼前，会所南面是一6000余平方米的人工湖，湖中曲桥贴水而陈，池南有一小岛，岛上植树成林，并用小桥与路上沟通，池东有一游泳池，是练习池，水位较浅，但管理良好，池水清澈。整个小区除道路、曲桥及入户小

图10－37 金澄明珠总平面图

图10－38 金澄明珠效果图全景

图10-39 金澄明珠会所

图10-40 金澄明珠别墅

图10-41 室外远眺

图10-42 下沉式户内庭院

图10-43 隔河远眺（一）

图10-44 隔河远眺（二）

图10-45 入院坡道

径、停车场前铺装地外，全用植物造景，绿地率高达65%以上，容积率0.21。

每户周围有绿篱分隔，庭前基本配置一株大乔木，花木无数，保持四季有花，如早春的迎春、玉兰、樱花，秋天的桂、芙蓉，冬季的茶梅、蜡梅、山茶等。地面以草坪为主，很少采用铺装地，因住宅宽敞，周边花园也较大，因此无需公共设施的必要。

该小区的建筑风格与江枫园截然不同，虽很难定位什么式样，但至少外墙、屋顶等都是现代风格，周边无围墙分隔，也无传统的石库门、题词等（图10-37～图10-48）。

图10-46 室外座椅

图10-47 庭院草坪

图10-48 入户花园汀步

图10-49 德邑花园的住宅入口

图10-50 德邑住宅入口绿化景观

10.2.3 德邑

德邑是由中新置地开发建设的别墅小区。粉红色外墙、白色线条显示古罗马艺术符号的特征，成为欧陆风情的别墅社区。下面展示了小区内色彩对比丰富的绿化和简洁明快的内庭园（图10–49～图10–54）。

图10–51 德邑花园住宅边的绿化景观（一）

图10–52 德邑花园住宅边的绿化景观（二）

图10–53 德邑花园内庭绿化景观

图10–54 太湖黄金水岸之瀑布景观：浩渺太湖水域宽广，但终属静态，有此潺潺瀑布，动静相济相得益彰。

第11章　公共建筑绿地景观

公共建筑绿地景观是建筑内部功能的延伸及与外界互通的过渡空间。承载了交通联系、建筑形象展示、改善生态、赏景等功能，不同职能的建筑对其景观功能的要求也有所区别。城市中的公共建筑是具有很大区别的，诸如行政机关、写字楼、商场、剧院、学校、酒店等，而且这些建筑无论市民、游客都有所接触，影响较大，与城市面貌也有极大关系。本书只选择较具代表的三种类型，进行简要介绍。

11.1 工业园区行政中心绿地景观

工业园区行政中心绿地景观是由一组建筑群组成的一方绿地（又称现代广场）。一幢20层的大楼位居最北端，两幢直属企业的大楼分别位于最南的东、西两端，中间为公安局、银行、司法行政、财税等机关（图11-1）。行政中心大楼前是大草坪（图

图11-1 工业园区行政中心鸟瞰图

图11-2 大草坪近景

图11-3 大草坪西侧之铺装与花木

图11-4 从西侧直属企业顶层鸟瞰行政大楼、马蹄形车行平桥

11-2），草坪前端是一条东西向的河道，河道上有一环形平桥，连通大楼两侧道路，这样可使车辆在楼的两侧单向行驶。

草坪两侧是溪流状平置的太湖石，石隙中有水流动，溪流两侧各有四列灌木，显得整洁大方、庄重（图11-3）。

图11-4显示了清澈的河道、宽阔的道路、环通的平桥，更显庄重气派。草坪两侧是模拟溪流及山石，再向东、西各有三列绿化及道路，三列绿化外围即是环绕大楼的车行道，两侧略低的小高层建筑前也有铺装及绿化（图11-5～图11-10）。

图11-5 溪流状山石

图11-6 广场绿地，可以散步及工间活动

图11-7 广场绿地，可以小休及工间活动

图11-8 树下停车场

图11-9 广场中的照明灯具

图11-10 广场绿地，可以赏花

11.2 苏州博物馆新馆

苏州博物馆新馆位于古城内东北街，毗邻世界历史文化遗产单位拙政园。全馆占地10700m^2，扣除地下办公、仓库等，地面建筑10000多平方米，容积率较高，庭院面积有限。设计师鉴于拙政园、狮子林均近在咫尺，所以对建筑本身提出了“不高不大不突出”、“中而新”、“苏而新”的设计原则，建成后，各方面评论纷纭，肯定与否定均有。本书前文对假山的堆掇、处理，已作了肯定，认为这是一种创新，与整体环境，与东邻拙政园以及与苏州古城风貌都较协调，称得上延续了历史文脉，甚至可称为传统中有创新，创新中兼顾了传统。馆中有些景观带有日式风格，这可能是因贝聿铭曾设计了日本博物馆等一些建筑，难免脑海中留存某些记忆，设计时有若干流露。而追根究底，早在唐代鉴真和尚东渡日本时，就带去了我国的许多建筑和用品，诸如唐式的亭子出檐较宽，石灯笼又与寺庙中的经幢类同等，影响至深，关系复杂。苏州博物馆新馆虽带有某些日式风貌，也应完全理解，无可厚非。

入口大门采用重檐结构，但材料已非传统苏瓦、砖墙，体现了“苏而新”的理念，整个建筑与街景较为协调，八字式的宽敞大门庄重、大方，成为博物馆的特定风格（图11－11）。所有建筑的外墙色彩均较和谐，与周边环境较易协调，线条挺拔，屋面采用了新材料、新工艺，所以传统的屋顶采用“囊经叠步”等手法，也都随之革新，显示了一系列新的工艺水平（图11－12～图11－24）。

图11－11 苏州博物馆大门

图11-12 主庭院水景，水中重檐亭材料新型，式样突出，檐口颇深，略有唐代风格

图11-13 棱角规整的台阶，体现了现代工艺的进步，做到了“苏而新”

图11-14 室外小空间的处理手法超越了传统的小夹弄，尺度较宽

图11-15 颇具唐代风格的石灯笼

图11-17 家具陈列体现了"苏而新"

图11-16 简洁、抽象的表现手法，正反映了某些传统的景境

图11-18 直线平桥——古典园林中的缺项

图11–19 左侧是硬山式二进居民住宅，右侧是新建的博物馆，恰好形成对比

图11–20 屋架材料已非传统的木结构

图11–21 新型的人字架结构——合金钢材料

图11－22 几何图形是适用于一切领域的

图11－23 从明代文征明手植紫藤上取材嫁接的新株呈现着欣欣向荣的生机

图11－24 整修后的博物馆前街景

11.3 酒店

酒店习称旅馆。自从用“星级”评定优劣等级以来，许多酒店都十分重视环境、通信、卫生等各方面的设施。其中，城市酒店则因所处的地点、周边建筑等限制，很难在景观和幽静等方面提高质量。有的虽然室内卫生等尽量做优，但室外景观终难达到要求，而金鸡湖大酒店则堪称酒店中的翘楚。

11.3.1 金鸡湖大酒店

金鸡湖大酒店是园区新建的“超五星级”大酒店，坐落在国内最大的城市湖泊——金鸡湖与独墅湖之间，占地33.5万m^2，建有5幢独立式的2～3层的宾馆楼，容积率仅0.2，连同一幢22层的商务楼，取新名“凯宾斯基”酒店，容积率也仅0.8。场地宽广，建筑稀疏，绿树成荫，以植物造景为主，硬质景观除必要的车道、楼前铺装外，只设计了5座木亭、1座车行平桥和2座曲桥。

最为突出的是经先导瀑布（图11–25）后，尚有约3km的林荫道，道旁西侧是28洞高尔夫球场。球场内树木茂密、郁郁葱葱，

图11–25　金鸡湖大酒店前的先导瀑布群

东侧是酒店管理区和大片绿地。大门尚在其后，故称此瀑布群为先导。

进得酒店大门，只见北侧高阜隆起，坡上林木森森，在监控设备的协同下，不设围墙，坡下草花茂盛，色彩鲜艳。往南，有亭翼然，亭下平台宽广，可以观望主楼，沿路向南，路旁丛丛乔灌木，代替了行道树，循旱溪向西，忽闻泉声潺潺，有水从山顶倾泻，流入池中，池上曲桥可以登临，俯视池边湿地景观，池之北更有圆球形亭子可远眺池北红花绿叶。值得一提的是5幢主楼

图11–26 总平面（图中部许多临时性施工用房现已拆除，作为绿化用地）

图11–27 酒店坐落在11.5km^2的独墅湖旁

前的大草坪，堪称苏州之最，前已说过，苏州市土质黏重的水稻土，雨后如浆，天干如石，极难整平，一般草坪只做到不露黄土，很难平整如茵，雨后也难干燥。大酒店有鉴于斯，在建坪前先铺设排水管道，然后加沙拌匀摊平，并按设计做好沙面比降，沙土中缺乏营养，因此铺沙后再加营养（泥炭）土摊平，然后铺设草皮卷（草种是百慕大加黑麦草），做到绿草如茵，冬夏常绿，雨后草干，平整如室外地毯。

图11–28 酒店内部利用原有鱼池整理成泉瀑，使幽静的景观区域中增添了几许活跃、几许灵动

植物造景方面力求整体风格的展现，首先对骨干乔木关注错落起伏，使林冠线有变化，既有挺拔高耸的水杉等单轴生长树种，又有冠大荫浓的合轴生长种类，如香樟、朴树等；在关注生物多样性方面，营造了三维绿量丰富的群落式风景林的同时，重视花木花期的拉长，如用早樱与晚樱后，花期可达一个月以上；在大量采用观花种类的同时，也兼顾观果种类；所有节点部位主景区内，都由鲜花（宿根花卉或一、二年生草花）组成花境或盆花点缀，做到色彩鲜艳、季相变化明显、芬芳馥郁、整洁活泼、幽静热烈。

酒店周边既无工厂，也少民居，环境安逸，让旅客有宾至如归的感觉（图11–26～图11–28）。

酒店草坪南面是一望无际的独墅湖，东、西两面都是疏林，林中有汀步可散步、眺望。草坪茵如毛毯，在苏州实难寻第二处如此美丽平坦的大草坪（图11–29）。

图11–29一号（总统）楼前的大草坪及夜景

图11–30所示是一号楼后的内庭院，沿墙竹林依稀，中央树坛规整，种植了较耐阴的常绿花木——山茶，冬春之际花开艳丽、生机盎然。

内庭院一般是较少受注意的空间，该酒店对此也能如此重视，可见对景观的关注（图11–31～图11–53）

图11–30 一号楼后的内庭院（资料来源：www.yaolistudio.net）

图11–31 “总统楼”东南方之丛林、散步道、座椅、装饰石条

图11–33 清·李渔在《闲情偶寄》中提到“尺幅窗”、“无心画”的应用。将窗框看作画框，室外景物即为绘画对象，从酒店室内向外望，树林森森，有亭翼然，白云淡淡，草坪坦坦，如一幅写意亭林图

图11–32 人行道铺装之细部

图11－34　此图虽不是“尺幅窗”、“无心画”，但远看亭林清景，也能减去旅途劳顿，在此会友、小叙实乃赏心乐事

图11－35 绿地中的座椅

图11－36 疏林草坪，草坪角隅之置石、树丛

图11－37 楼前草坪、步道、林木和置石

图11-38 楼后出挑于内湖湖面的观景平台及林丛

图11-39 内部湖上的曲桥、树丛、湿地景观

图11-40 酒店中的山水大空间

图11-41　酒店内部交通（一）

图11-42　酒店内部交通（二）

图11-43　不设行道树，由林木替代，这在其他场合是不可思议的

图11-44　山林绿化——示林冠线、山峦

图11-45　车辆暂停处——示网箱结构掇石

图11-46 内部湖泊边之半球形钢丝亭、驳岸、绿化

图11-47(一) 亭者停也，路边置亭可以小休

图11-47(二) 路边休息亭

图11-48 楼后小广场

图11-49 楼侧景观

图11-50 丛林与草坪渗透到中庭——基础栽植

图11-51 郁郁葱葱的竹林树丛——旅客在此晨练真是一大快事

图11-52 大湖的尽端将成为旱溪

图11-53 湖岸处理及湿地植物

11.3.2 中茵皇冠假日酒店

中茵皇冠假日酒店仿佛古典园林中的旱船，三面临水，一面靠近绿地。建成六层楼如同航海邮轮一般，色彩、层高、窗户等都仿照江轮（图11–54～图11–57）。入晚灯光通明，如同湖中船舫，别具风情。

图11–54 停泊在码头的邮轮——中茵皇冠假日酒店

图11–55 邮轮已经起锚，即将远航

图11-56 海鸟在等待邮轮的起航

图11-57 停泊在摩天轮游乐园对面的大邮轮——中茵皇冠假日酒店正在进港中

11.3.3 新苏国际大酒店

新苏国际大酒店是苏州和新加坡在20世纪90年代中率先在紧傍金鸡湖边建成的国际化大酒店。该酒店是两层的建筑，外观为现代形式，内部则仿照苏州园林的传统格局（图11−58～图11−60）。

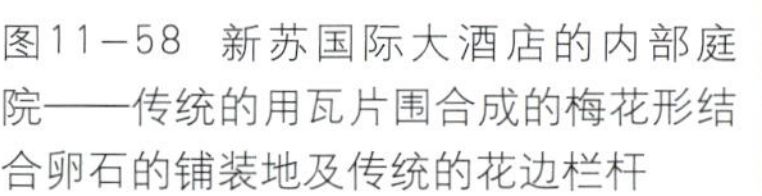

图11−58 新苏国际大酒店的内部庭院——传统的用瓦片围合成的梅花形结合卵石的铺装地及传统的花边栏杆

图11−61 新苏国际大酒店南侧沿金鸡湖的景观

图11—59　由于苏州园林的脍炙人口，所以参与合作的新加坡裕廊公司也认同，仿建了古典形式的内部景观

图11—60　大酒店内部的小桥、铺地及花木

11.4 公共厕所

记得有位社会学家曾说过："一个城市文明不文明，只要看一眼那里的公共厕所，就可以知道。"的确在当前，城市基础设施日益完善的同时，日常管理已不像过去那样，必须人工挑水冲洗，理应室内外都能清洁卫生，而且人们已习惯了就厕后洗手等卫生行为，完全摆脱了过去农村中茅厕的概念。

图11－62、图11－63所示为工业园区最常见公共厕所的主、侧立面。该区的公厕较重视与周边环境的协调，诸如色彩、立面、体量等，以免产生突兀感。前面提到的金鸡湖中玲珑岛的厕所，还有许多树木围护、隐蔽，是公共厕所，更与时代发展的节奏相合拍。

图11－62 工业园区最常见公共厕所的主立面

图11－63 工业园区最常见公共厕所的侧立面

第12章　城市雕塑

城市雕塑对苏州来说是既古老又新鲜。说古老，可上溯到千余年前的唐宋时期，一些深宅大院前都有抱鼓石、石狮等点缀，照壁中还有功能性的旗杆及基座、拴马桩等，抱鼓石、户对、旗杆等后来就变成了装饰品，这些都可列入城市雕塑的范围内。说新鲜，则也只是改革开放后30余年中才开始有仿照西方形式的雕塑，出现在市内一些景观的节点中，被称之为城市的灵魂或眼睛，成为城市发展到一定程度的标志。目前苏州市的城雕已不下百余座。这些雕塑一般有两大类，一类是具象的，另一类是抽象的。那些具象的作品，一目了然地让人明白雕塑的主题和内容，例如竹园路口的范仲淹像、胥门的伍子胥像等，这些作品虽然过于直白，但因属历史人物的纪念性城雕，启示历史、示范后人是其主题，关于形姿的真实性则不是主要的，只要具有艺术感染力即可。受西方美术绘画的影响，城市雕塑，从人体塑像、动物造型等具象式样，逐步向抽象的绘画方向发展，设计师凭着各自的聪明才智，可以构思出形式各异、变化丰富、花色繁多的图样，而这些图样，又可凭借现代的施工技巧，将其变成雕塑。这类抽象性的城雕，着重艺术表现、造型新颖、色彩华丽、不拘一格。这类雕塑是易于创新但不易成功的，要使其流传久远则更难。外

图12–1 伍子胥，系苏州城的首创人，今立像以示纪念

图12–2 村姑逛街

图12-3 糖粥是苏州传统零食之一，玄妙观塑此雕塑是为纪念这一传统

形良好、内涵丰富的作品，更是难上加难，正像文学中的诗词一样流传久远是不易的。

古代雕塑用材，主要是石材、铜材（包括青铜），少数是铸铁。而现代则是用材广泛，除此类传统材料外，尚有塑料、玻璃、玻璃钢、不锈钢、木材等，这也为抽象性城雕奠定了工程的可能性。

现将较具代表性的城市雕塑综合介绍如下。

12.1 具象性的城市雕塑

如前已提及的范仲淹、伍子胥（图12-1）等历史人物的纪念性雕塑，贵在体现庄重、大方，有精神、气度。关于面部特征、体量大小、高矮肥瘦等除有特别记载的外，均不必过于苛求，重在表现精神面貌。另一类是像观前街上逛街的村姑（图12−2）、卖糖粥的挑担老翁（图12−3）、馋嘴的顽童、觅渡桥畔呼渡的行人、中新路口的顽童等，这类具象性的城雕，既不必生动逼真地表现某一人的特征、特点，也不必苛求此人的容貌美丑，只要勾画一种神韵，反映时代特征、历史风貌，是街头场景的写实。因此，这类城雕着重主题突出，设置位置恰当，使人一目了然其特色，成为时代风貌的极好展示。最近，见到金鸡湖大桥东侧绿地中有一大数小的一群金猪，不知目的何在？

现代大道中部见到外国女人雕像，展现了东西文化的交融。这类雕塑虽是具象的，但又不同于历史人物，有美学熏陶作用，带有活泼轻松的功能，是一种真正的点缀。

12.2 抽象性的城市雕塑

抽象性雕塑是较新的城市装饰品，是在抽象画兴起后才在城市雕塑中逐步兴起的。一般认为抽象画是艺术中的艺术，正像诗歌被看作文学中的文学一样，以其简洁的语言包括了更多的内容而受到人们的重视。正因为过于简洁，不易被人理解，所以在国内，特别是像苏州这样的城市改革开放后才开始出现。因此，不免缺乏足够的心理准备，对有些作品也缺乏认识，大有曲高和寡的状态。据知雕塑界的很多设计师，往往埋头设计而不作任何解说，使大多数市民看了也体会不到作品的精神实质，这就是设计师受所谓“作而不述”的潜规则影响的结果。从苏州的现状来说，由于过去习惯了具象的作品，对抽象性作品一时难以理解，甚至陷入肤浅的猜想。

随着城市的发展，城市文化背景的不断创新，抽象性城雕最近在苏城采用较多，就其较具代表性的举数例于下，以供读者欣赏品评。

图12–4 圆融正立面（背景为金鸡湖）

图12–5 从另一侧面看“圆融”

图12–6 中新路上的一组“开放的窗口”

1. “圆融”

金鸡湖畔的大型金属雕塑，取名“圆融”，是由两个动态的相互扭转的圆紧密相叠而成的，色彩红艳，寓意中国—新加坡双方合作，相辅相成，互相支持、交融，成为园区乃至全市发生重大变化的一个标志。作者是新加坡雕塑家孙宇立，手法简洁、内涵深厚，成为园区的名作，也正因为建立之初就宣传了它的内涵，所以使市民早就有了一定的了解，易于在人们心中记忆（图12–4、图12–5）。

2. “开放的窗口”

从古城区干将路进入园区中新路路口的“开放的窗口”雕塑组群，主体结构是用花岗石筑成的一扇扇“窗”，“窗”边一幅被风吹扬舞动的窗帘，仿佛告诉着世人，清新的风正从园区吹来，它是苏州的窗口，透过这扇窗，可以看到一个城市新区的兴起。其后间隔150m左右设置了六个不同颜色的窗，材料以钢为主。这是一组序列极强的雕塑组群，给行进中的人们带来视觉的变化，仿佛预示着园区迈着有序的步伐向世界奋进，也预示着园区对世界打开了多扇窗，希望把新的气息、新的体验、新的成果接收进来（图12–6）。

这一组雕塑的优点是与时代紧密联系，与环境十分协调，不似古典园林中用题额书对来点题解释，而是采用隐喻、暗示手法说明园区的风度，展示和体现新时代的新文化，一扫古典园林中隐逸文化离群索居的气氛，这是寓文于景的成功尝试。这样的文化是紧随时代脉搏积极向上的现代文化，是值得倡导的。如果要用美学话语来评价，应该是后现代主义在雕塑及城市景观上的展示；是古老的苏州城市景观中的一组较具特色的抽象雕塑的尝试。

图12-7 “苏州之窗”

3. “苏州之窗”

位于相门内、干将桥西的“苏州之窗”，是传统文化特别是吴文化的反映。在绿地之中用长方形木框，做成一座可以悬挂“双钱、八吉”的框架，“双钱、八吉”是过去耳坠、扇坠上常用的纹饰，甚至用来拍打棉胎的藤拍也做成“八吉”图案，因此被称为“中国结”。这“中国结”是地道的本土文化，是民间喜闻乐见的内容，正因为充满民间色彩的中国情结，所以其他城市也在效仿。为了免被其他城市效仿，最近特将其命名为“苏州之窗”，加了地名，如若其他城市再要效仿就显得浅俗了（图12-7、图12-8）。

4. “无极”

中新合作苏州工业园区开发公司（CSSD）大门口的名为“无极”的抽象性雕塑，一改过去抱鼓石等成对摆放的形式，是在现代大体量高层建筑前单独摆放的孤例，效果明显，形象突出，与建筑也较协调（图12-9）。所用材料是紫铜，呈深褐色。

图12-8 干将路西头的另一类似“苏州之窗”的雕塑

图12–9 "无极"

图12–10 一位老师牵着一群儿童涉水的雕塑，其中有外籍儿童，体现了园区的开放性和国际性

这组雕塑虽然题名为“无极”，但也并未题刻名称，仍然属于作而不述的范畴，所谓“无极”之名，也只是主持该项工程人的命名而已，重在使人有一印象，让人有所记忆而已，从与大楼的关系、取材、形姿等而论，确实有一种新型感、奇特感，所以也就容易使人记入脑海之中。

另外，现代大道中有不少模拟昆虫或仿效“圆融”而做成圆或圆中带方的雕塑，也有外国女子坐在石椅上看画、看报的雕塑等，这里就不再重复了（图12−10）。

5. “铁锚”（图12-11）

图12−11 置放在中茵皇冠假日酒店旁的大铁锚

第13章　商业街景

图13–1 灯红酒绿的商业街

商业是社会经济的反映，人们需要的物品大多在商业环境中获得，通常可以把商业的繁荣与否，看成经济兴衰的晴雨表。商业街景包罗万象，从百货、家电、服饰、鞋帽到餐饮食品，无所不备，所以商业环境的繁荣，意味着经济的活跃。一般最常用的家常物品大多在居住小区就近购买，那所谓"烟纸"小店；大型商品则习惯在大型商场、商店购置。改革开放后参照国际模式，开设了购物超市（Super market）。超市中从日用商品到蔬菜百货，无所不包地应有尽有，但高档商品人们还是习惯去大型商场。

园区的大型商场集中在圆融广场，餐饮等则以李公堤为主，其他饮食店铺则集中在居民区内（图13–1）。

13.1 邻里中心

邻里中心是由新加坡传来的全新概念，是指设在居民区内或其附近的购物市场，市场中包括餐饮、点心小吃、面包房、小型超市、图书碟片、电子产品、音像、药品、理发、按摩、花店、银行、邮政以及菜市场等。一般菜场中大多杂乱纷繁，特别是卖鱼摊前，总有水迹满地，但这里却管理得井井有条，食品摊点前尤为干净整洁。

在较大的居民区中尚设有社区级医疗机构，其中除CT等大型医疗设备外，一般设备齐全，可处理常见疾病，如最早在20世纪90年代初开设的新城大厦邻里中心及稍后开设的贵都花园邻里中心，因周边人口众多，所以规模均较大。

目前，园区已开设这样的邻里中心十余所，遍及金鸡湖西与湖东。随着人口的不断增加，邻里中心的内涵将日益扩展，从供应居民日常必需的商业、服务性行业到文化性企业等都将不断发展，有的已形成了市民广场，广场中有可供表演的舞台等（图13–2～图13–5）。

图13–2 邻里中心中有着餐饮等各种服务消费市场

图13–3 邻里中心露天舞台正在演出中

图13–4 小区中的水景

图13–5 邻里中心内的运动场

13.2 左岸商业街

左岸商业街是金鸡湖西最早开设的以餐饮为主的商业街区，由中新置地投资兴建，位于湖左岸居住区西侧的苏惠路上。这里集中了多家餐饮、咖啡等饮食店，每到傍晚、周末，车辆拥挤，十分热闹（图13–6、图13–7）。中午简餐也十分受人青睐，上班族都要前来吃午餐。

13.3 圆融时代广场

苏州圆融发展集团有限公司，聘请美国SWA公司完成了街景、河道两岸、桥梁、绿化等全部景观设计项目。诸如具有成排

图13-6 左岸商业街上灯光明亮

银杏树和灌木“色块”的街景、步行道、人行桥梁，贯穿河道两岸，使音乐广场、风情酒吧等休闲设施与建筑主立面完美结合，融会贯通；喷雾广场使行人倍感凉爽惬意，并有音乐节奏与喷雾相同步；平静水面可以反射出长达500余米的天幕，而天幕下方更有影视图片，使空间感、色彩感得到充分显现。

图13-7 左岸商业街内景

13.4 现代物流园

“物流”二字是改革开放后开始应用的名词，顾名思义是物资流通的意思，以货物运输、交流等为主要业务。既然有了市场就必然有商品，商品必须交流，因此，物流便随市场经济的发展而发展，并且日益壮大。苏州工业园区现代物流园就担负着园区一切商品及其原材料的交流、运输等任务。为此，物流园区的建设就越显重要。

图13-18、图13-19所示为现代物流园的园内景观照。

图13-8 圆融时代广场之夜景——示道路景观灯

图13-9 圆融时代广场之LED天幕，图示天幕上的清明上河图景

图13-10 别具一格的街心坐椅

图13-11 沿河景观

图13-12 时代广场主河道上三人行拱桥

图13-13 时代广场建筑及瀑布喷雾

图13-14 500mLED天幕式长廊之局部

图13-15 圆融时代广场之街景片断

图13-16 广场周围河道景观

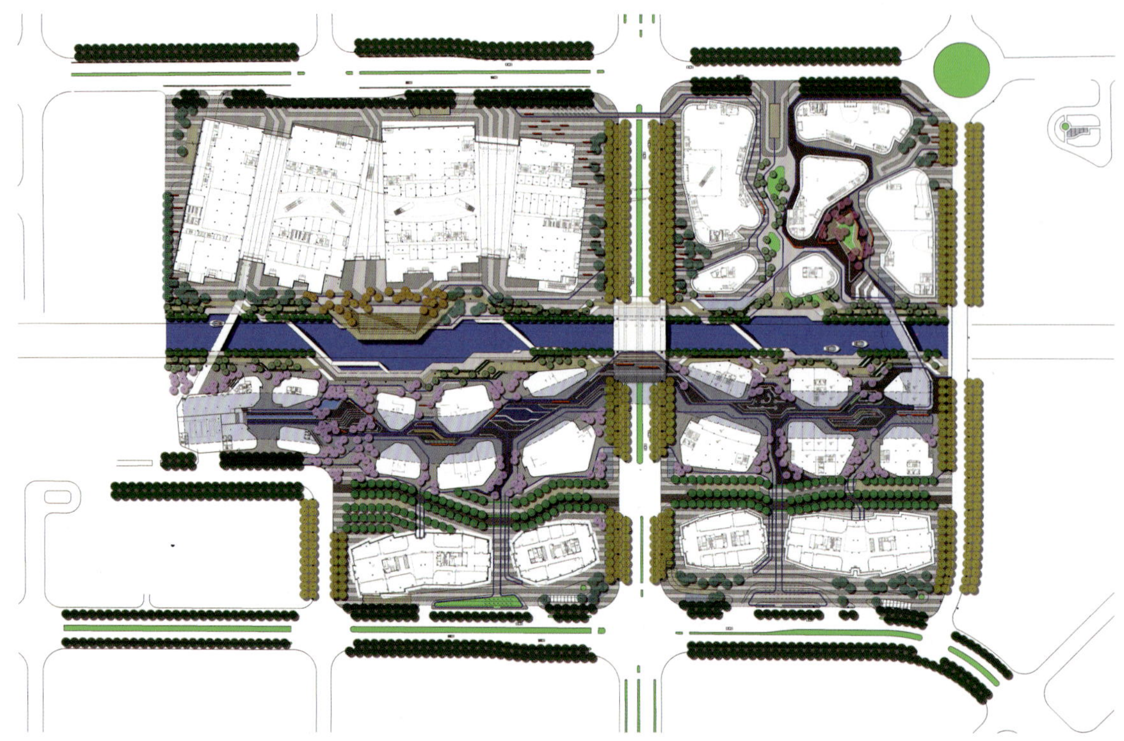

图13–17 综合平面方案使与建筑造型完美结合，融会贯通

图13–18 现代物流园景观（一）

图13–19 现代物流园景观（二）

苏州景观之今昔——代结束语

在工业与农业、现状与发展等诸多因素的权衡下，在商品经济的大潮下，依仗其紧邻上海、位于“长三角”地区最前沿的地理优势，以及悠久的历史文化和在国内外的知名度，苏州市冲破小桥流水等的传统格局，将城市扩展了。从1981年建成区面积28.55km^2（包括古城区的14.2km^2）扩展到2000年的81.55km^2，2007年再次增长到214.5km^2，增加了8倍多。人口也从1978年的137.4万（包括昆山等六县市）增长到2007年的624.4万，增加了近5倍。

不难理解，工业、建筑、汽车等一系列的物质设备，随人口增长、城市扩大而增长。于是，苏州再也不能以小桥流水而自豪了，道路拓宽、建筑发展、基础设施完善，城市景观再也不能局限于亭廊假山、轩榭曲桥了。在这样巨大的转变中，城市景观用什么来统一协调？怎样避免千城一面的尴尬局面？思来想去还应在“水”字上下工夫，体现江南水乡的风貌。古城区便利用护城河，做成“环古城风貌保护带”；工业园区环绕金鸡湖做成园区CBD和八大景点；独墅湖周边作为科技文化产业和高等教育区；高新区则利用原有胜天水库建成“白马涧生态园”，将西面临太湖周边建成湿地公园等。只有这样，城市景观才能有自身的特色，才能成为江南水乡的亮点，体现近海城市的风貌。

另外，在设计施工方面，特别是施工上，应发挥细腻、精致、灵巧的特色，体现出苏州工匠手工精巧的过硬技艺；在绿化方面尚应运用本地众多的植物资源，发挥多样性的作用，促使三维范围的绿量极大丰富，有利于生态环境的改善，使城市有新的姿态、新的面貌，当这种新面貌有新的突破时，我们将再一次增订，届时也可对书中的一些话题再进一步总结成某些基本理论，这便是本书的希望，也是我们的目的！

当前，整个社会都在倡导低碳、节能，我们今后怎样在这方面总结、寻找符合这一要求的新路，这更是我们所应负的重任！